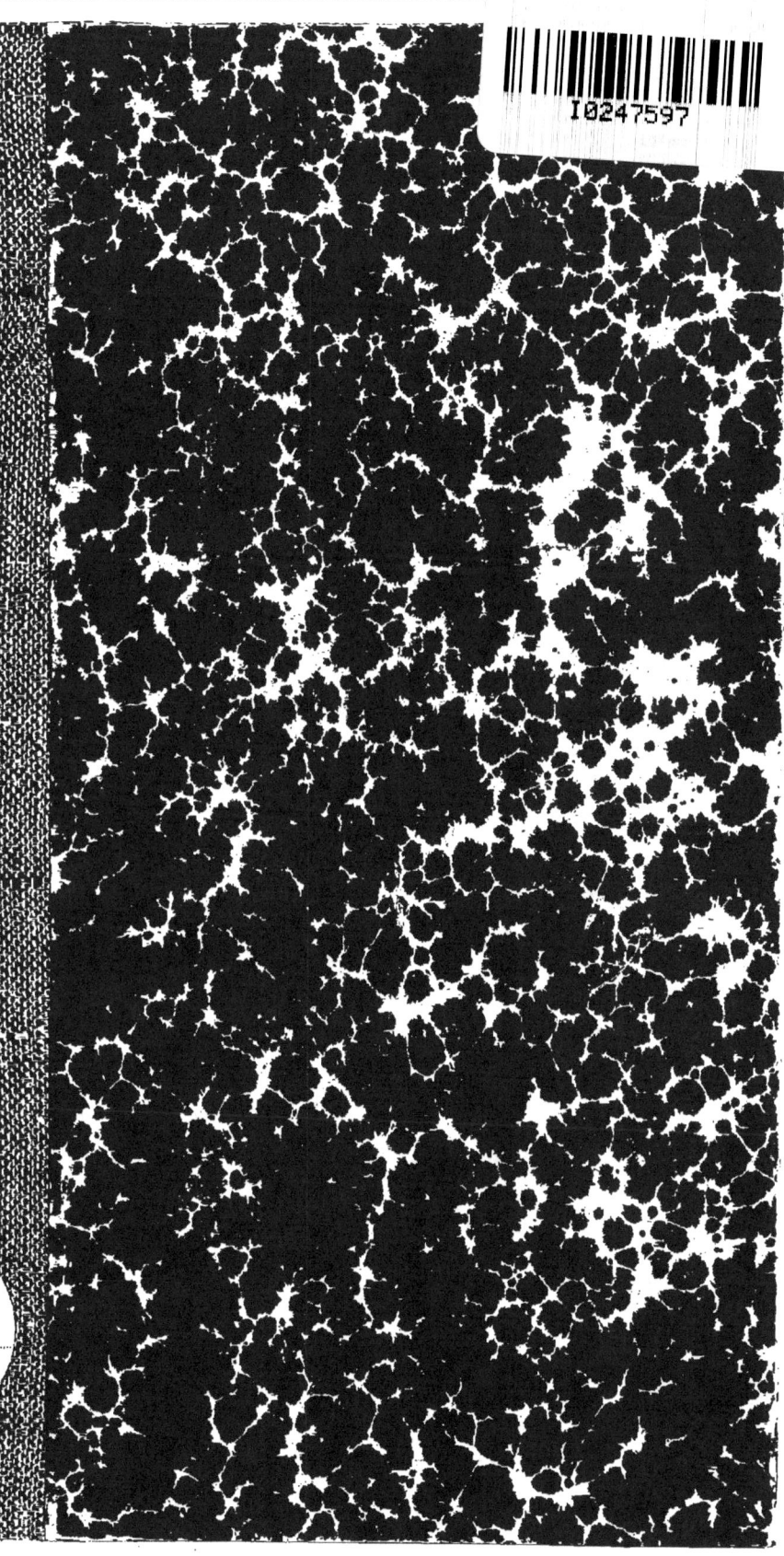

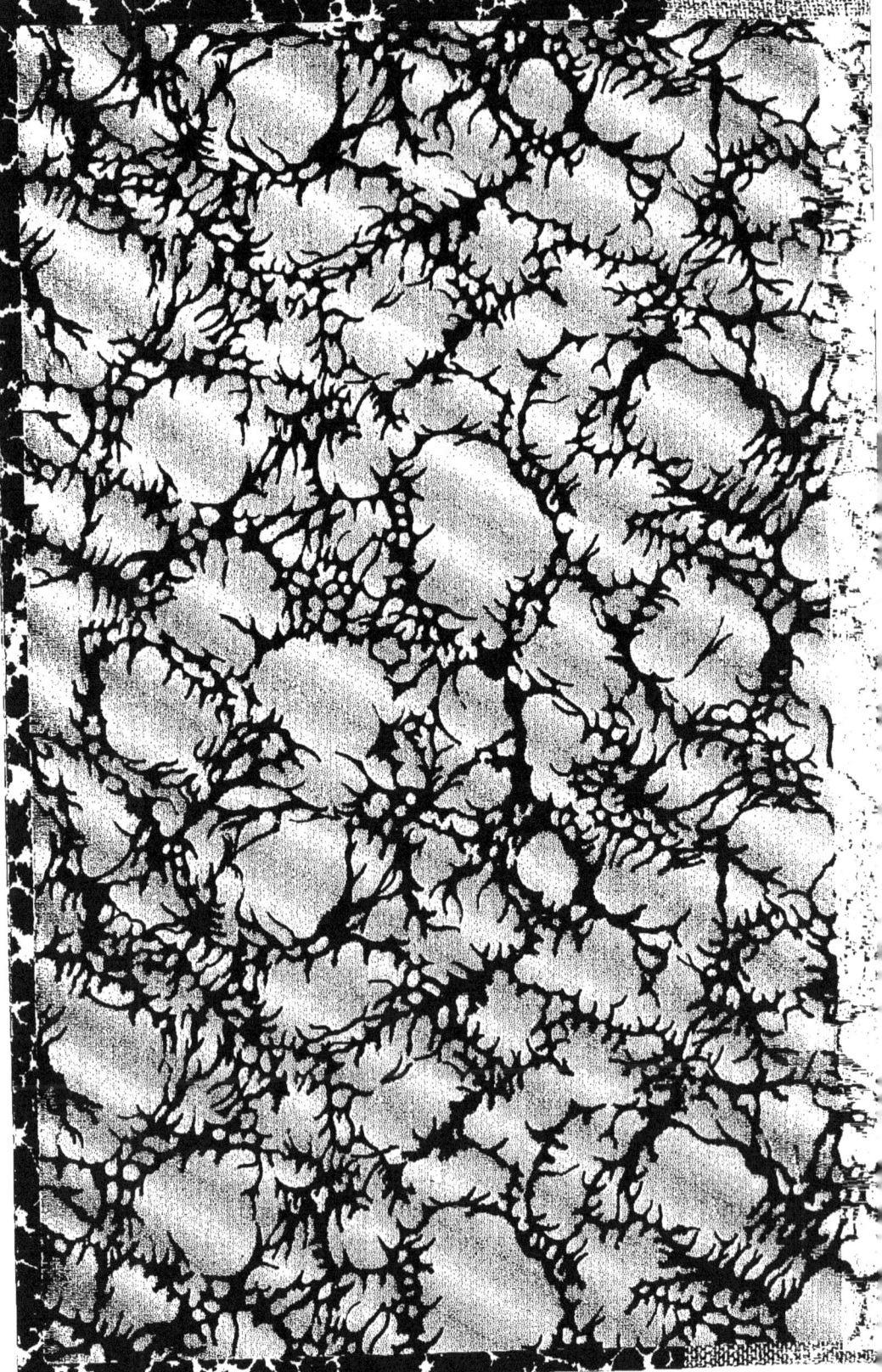

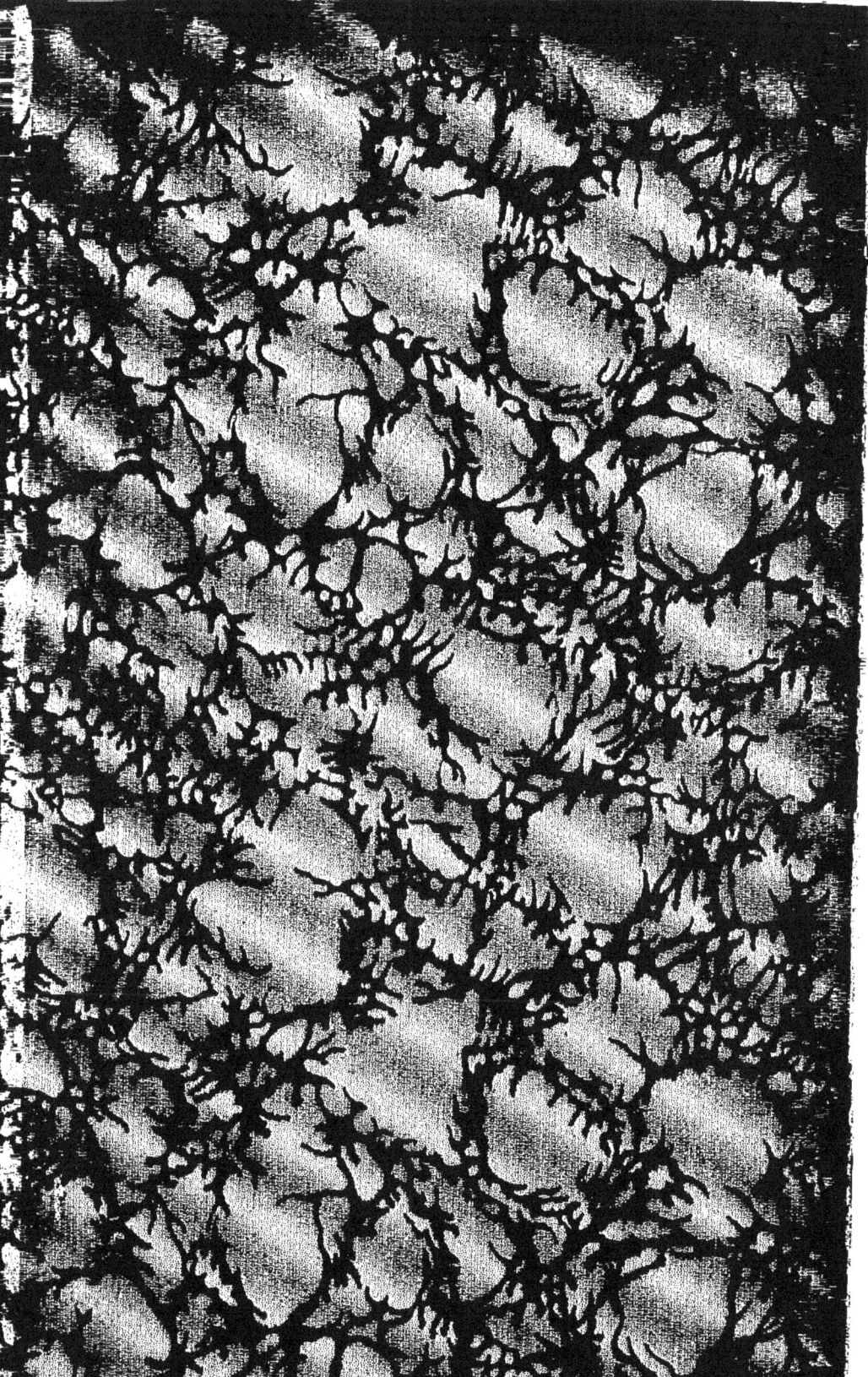

STEMPFER-REL.

BIOGRAPHIE

DE

PIERRE III ou PEY BERLAND

LE LIIe ARCHEVÊQUE DE BORDEAUX (1430-1456)

ET

PUBLICATION DE DOCUMENTS

TELS QUE

BULLES, BREFS, QUESTIONNAIRE, ENQUÊTE, SUPPLIQUE
ET TESTAMENT

Pour servir au rétablissement de son Culte et à la reprise de sa Canonisation

PAR LE CHANOINE

J.-H. GASTON DE LABORIE

> *Tulit me dominus cum sequerer gregem :
> et dixit dominus ad me : vade propheta ad
> populum meum Israel.*
>
> « Le Seigneur m'a pris lorsque je menais
> « mon troupeau, et il m'a dit : allez, et
> « parlez comme mon prophète, à mon peuple
> « d'Israël. »
>
> (Amos., ch. vii, ver. 15.)

BORDEAUX

Imprimerie Typo-Lithographique O.-L. FAVRAUD Frères

91, RUE PORTE-DIJEAUX, 91

1885

BIOGRAPHIE

DE

PIERRE III ou PEY BERLAND

BIOGRAPHIE

DE

PIERRE III ou PEY-BERLAND

LE LIIᵉ ARCHEVÊQUE DE BORDEAUX (1430-1456)

ET

PUBLICATION DE DOCUMENTS

TELS QUE

BULLES, BREFS, QUESTIONNAIRE, ENQUÊTE, SUPPLIQUE
ET TESTAMENT

Pour servir au rétablissement de son Culte et à la reprise de sa Canonisation

PAR LE CHANOINE

J.-H. GASTON DE LABORIE

> *Tulit me dominus cum sequerer gregem :
> et dixit dominus ad me : vade propheta ad
> populum meum Israël.*
>
> « Le Seigneur m'a pris lorsque je menais
> « mon troupeau, et il m'a dit : allez, et
> « parlez comme mon prophète, à mon peuple
> « d'Israël. »
>
> (Amos., ch. vii, ver. 15.)

BORDEAUX

Imprimerie Typo-Lithographique O.-L. FAVRAUD Frères

91, RUE PORTE-DIJEAUX, 91

—

1885

MONSEIGNEUR,

Qu'il soit permis, à un ancien du sacerdoce, de prier Votre Grandeur d'agréer la dédicace d'un travail long et laborieux : il a pour but de rétablir le culte rendu, de temps immémorial, jusqu'à la révolution de 1793, au plus illustre de vos prédécesseurs sur le siège archiépiscopal de Bordeaux, au saint et populaire Pey Berland. Votre bienveillante acceptation, accompagnée de votre bénédiction, sera pour moi une précieuse récompense de mes fatigues et une garantie de l'heureuse issue d'une œuvre éminemment diocésaine. La bénédiction d'un évêque porte toujours bonheur, dans tout ce que l'on entreprend pour la gloire de Dieu, l'extension de son Église, et la propagation du culte des saints.

Le rétablissement de celui de Pey Berland, Monseigneur, sera un acheminement, j'ose l'espérer, à la reprise de sa cause interrompue depuis quatre siècles, pour des motifs étrangers à sa sainteté. Ce sera vous, placé, providentiellement, à la tête du clergé bordelais, qui aurez cet insigne honneur. L'acte de justice, depuis si longtemps attendu, que vous ferez rendre à un des plus célèbres enfants de notre Gascogne du moyen âge rendra votre épiscopat à jamais glorieux. Votre nom sera inséparable de celui de Pey Berland; lorsqu'on invoquera l'un, on bénira l'autre; on répétera à l'envi: honneur et actions de grâces à notre bien-aimé pontife, Monseigneur Guilbert, pour avoir puissamment contribué à faire inscrire sur le catalogue de nos héros évangéliques, le saint Archevêque, le grand thaumaturge bordelais dont le doux souvenir vit encore parmi nous, comme au lendemain de sa précieuse mort, malgré les quatre cents ans qui nous séparent de lui.

J'ai l'honneur d'être,
de Votre Grandeur,
Monseigneur,
le très humble
et très respectueux prêtre et serviteur,

G. DE LABORIE,
Chanoine.

LISTE DES SOUSCRIPTEURS

Mgr DE LANGALERIE, archevêque d'Auch.
Mgr CIROT DE LA VILLE.
l'Abbé BUCHE, vicaire général.
l'Abbé PETIT, vicaire général.
l'Abbé FAILLÈRES, vicaire général.
l'Abbé RAYMOND, archiprêtre de la primatiale.
l'Abbé COMPANS, chanoine honoraire.
l'Abbé GAUSSENS, curé de Saint-Seurin.
l'Abbé BELLEVILLE, curé de Notre-Dame.
l'Abbé GERVAIS, chanoine titulaire.
M. Léo DROUYN, rue Desfourniel, 30.
l'Abbé DESCLAUX, chanoine honoraire.
l'Abbé SÉRAFON, chanoine honoraire.
l'Abbé CHARLOT, chanoine honoraire.
l'Abbé JEANNIN, chanoine honoraire.
l'Abbé BARON, chanoine honoraire.
l'Abbé LAPRIE, chanoine honoraire.
l'Abbé GRILHON, chanoine honoraire.
l'Abbé VIDEAU, chanoine honoraire, secrétaire de l'Archevêché.
l'Abbé PAILHÈS, chanoine honoraire, sous-secrétaire de l'Achevêché.
l'Abbé MARÈS, chanoine titulaire.
l'Abbé GARRIGUET, supérieur du Grand-Séminaire, chanoine, vicaire général honoraire.
l'Abbé DÉNÉCHAUD, supérieur du Petit-Séminaire, chanoine honoraire, vicaire général honoraire.

l'Abbé BERTRAND, au Grand-Séminaire.
l'Abbé CALLEN, chanoine honoraire.
l'Abbé BEAU, chanoine honoraire.
l'Abbé COUTEAU, chanoine honoraire, aumônier des Ursulines.
l'Abbé GUICHETEAU. chanoine honoraire, curé de La Bastide.
M. COUREAU, architecte, rue de l'Église-Saint-Seurin.
l'Abbé DURASSIÉ, chanoine honoraire.
l'Abbé DUFAU, chanoine titulaire.
M. RABION, notaire, à Bordeaux.
le baron D'ETCHEVERRI.
le baron DE MALLET.
Mme DE PICHON-LONGUEVILLE, supérieure du Sacré-Cœur.
l'Abbé BONNAL, chapelain de la Primatiale.
ADOLPHE RAYMOND.
Mme veuve ARNAUD.
l'Abbé DUBROCA, chanoine titulaire.
M. DELPECH.
Mme DE TOULOUZE.
l'Abbé MORAC, curé de Pompignac.
l'Abbé RÉCAPET, curé des Sablons.
l'Abbé RAYMOND, chanoine honoraire, aumônier de la prison.
l'Abbé JARRIS, chanoine honoraire.
M. ARTHUR DE BRÉZETS, avocat.
l'Abbé MARTIN, curé du Carbon-Blanc.
l'Abbé GAUSSENS, chanoine honoraire, aumônier des Sourdes-Muettes.
l'Abbé MERCIER, curé du Sacré-Cœur.
l'Abbé SURSOL, directeur de la Maîtrise.
M. SURSOL, à La Bastide.
l'Abbé DREUX, chanoine honoraire.
l'Abbé HAZERA, vicaire à Saint-Louis.
l'Abbé BÉLUE, curé de Lugon.
l'Abbé ROUX, vicaire à Saint-André.
l'Abbé STERLING, chef d'institution.
M. CHEVALIER RABOUTET.
l'Abbé RONCOURONI, curé de La Fosse.
l'Abbé BIREPINTE, vicaire à Saint-André..
l'Abbé MOUSTIÉ, curé de Sauveterre.
l'Abbé ANTOUNE, missionnaire apostolique.
R. P. GRAVIÈRE, supérieur du Saint-Cœur de Marie.

M. DE GRATELOUP.
l'Abbé CAZAUBON, curé de Biganos.
l'Abbé BEAUPERTUI, curé de Saint-Médard-de-Guizière.
l'Abbé CORBIN, chanoine honoraire.
l'Abbé BELLEMER, à Blaye.
l'Abbé LALANDE, chanoine honoraire.
l'Abbé LAUZELY, curé de Galgon.
l'Abbé DELARC, au Petit-Séminaire.
l'Abbé LAGARDÈRE, au Petit-Séminaire.
l'Abbé CYPRÈS, au Petit-Séminaire.
l'Abbé DAVAUD, au Petit-Séminaire.
l'Abbé BARBE, au Petit-Séminaire.
l'Abbé LACADÉE.
l'Abbé IZANS, curé de Lesparre.
l'Abbé BOUNIN, retraité, à Mauriac.
l'Abbé DEYDOU, chanoine honoraire, curé d'Ambarès.
l'Abbé BERT, curé de Saint-Hilaire-de-la-Noille.
l'Abbé OUELLY, chanoine honoraire.
l'Abbé BOYER, chanoine honoraire.
l'Abbé CLOUARD, vicaire à Saint-Louis.
l'Abbé GABARD, directeur du Cercle Catholique des Chartrons.
l'Abbé LATOUR, curé de Saint-André-de-Cubzac.
l'Abbé SÉRIECH, curé du Bouscat.
l'Abbé CHABANNES, curé d'Auros.
l'Abbé BIREPINTE, curé de Lignan.
l'Abbé PAPIN, curé de Caudéran.
l'Abbé ROUX, au Collège de Bazas.
l'Abbé ESPANET, curé de Saint-Christoly-de-Blaye.
l'Abbé PIRON, chanoine honoraire.
l'Abbé ESTOR, curé d'Arbanats.
l'Abbé BROUSSE, curé de La Brède.
l'Abbé EZEMARD, cours d'Albret, 48.
l'Abbé SIBASSIER, aumônier au Val-de-Grâce, à Paris.
l'Abbé DONIS, chanoine honoraire, curé de Saint-Louis.
l'Abbé ALAIN, vicaire à Saint-Louis.
l'Abbé JOUAN, vicaire à Saint-Louis.
l'Abbé FOURTEAU, curé de Beychac.
l'Abbé MARTRON, vicaire à Saint-Seurin.
Le COUVENT DES LORETTES, rue Saintonge.

l'Abbé MENOU, chanoine honoraire, aumôn. des Frères de St-Genès.
l'Abbé MERLE, chanoine honoraire, curé de Saint-Ciers-La-Lande.
l'Abbé CLUZEAU, chanoine honoraire.
l'Abbé BOUSQUET, curé de Cantenac (Médoc).
l'Abbé DENIS, curé de Rauzan.
l'Abbé MONTEL, curé de Paillet.
l'Abbé MEYNEY, curé de Saint-Émilion.
l'Abbé FAURE, chanoine honoraire, curé de Mérignac.
l'Abbé JOLLIT, curé de Larivière.
l'Abbé FAUX, curé de Saint-Julien.
l'Abbé ELIE, à la colonie agricole de Gradignan.
l'Abbé JUGLA, vicaire à Saint-Michel.
l'Abbé ROBIN, curé de Peujard, par Saint-André-de-Cubzac.
M. PAULY, propriétaire, rue Labirat, 26.
M. ROUX, place Rohan, 2.
l'Abbé EGRÉTEAU, curé de Condat.
l'Abbé LASSOU, curé de Pellegrue.
l'Abbé CAZENAVE, curé de Moulis (Médoc).
l'Abbé ROUX, professeur au Collège de Bazas.
l'Abbé RANSAN, chanoine honoraire, curé de Castelnau (Médoc).
l'Abbé GUTTIN, curé de Sallebœuf.
M. DE LAMOTHE.
M. VITRAC, membre de la fabrique de Saint-André.
l'Abbé BARREAU, curé de Cadaujac.
l'Abbé CABANNES, curé d'Arcins (Médoc).
l'Abbé DE L'ÉGUILLE, chanoine honoraire, curé de Blanquefort.
l'Abbé MARQUETTE, curé de Saint-Médard-en-Jalles.
l'Abbé VALLET, curé de Saint-Marien.
Père PERRODIN, chanoine honoraire, à la Madeleine, rue Lalande.
l'Abbé SORBIER, curé de Sadirac.
l'Abbé BARATAU, chanoine honoraire, curé de Saint-Laurent (Médoc).
M. PYGNEGUÉ.
M. GOURDON, rue Guérin, 1.
Mme PRÉVOT DE LACROIX.
M. MALLAT.
l'Abbé COUTEAU, au Petit-Séminaire.
l'Abbé CAZENAVE, chanoine honoraire, curé de Sainte-Croix.
l'Abbé GIRAUDOU, curé de Bourideys.
l'Abbé CASTEX, au Taillan.

l'Abbé TIFFON, curé du Taillan.
l'Abbé BAREYRE, curé de Cestas.
l'Abbé RAMBAUD, curé de Saint-Michel-de-Rieufret.
Les CHARTREUX DE VAUCLAIRE.
l'Abbé SUBERVILLE, chanoine honoraire, curé de Bazas.
l'Abbé LACOSTE, curé de Listrac (Médoc).
l'Abbé TAFFARD, curé de Puibarban.
l'Abbé CISTAC, curé de Guillos.
l'Abbé LAMBERT, au Petit-Séminaire.
l'Abbé RÉNIAC, au Petit-Séminaire.
l'Abbé LABASTE, au Petit-Séminaire.
l'Abbé LAFUYE, au Grand-Séminaire.
l'Abbé ROINARD, au Grand-Séminaire.
l'Abbé DURAND, au Grand-Séminaire.
M. MARZELLE, pharmacien, place de la Mairie.
l'Abbé DESTANQUE, curé de Saint-Vincent-de-Paul.
l'Abbé BOURBON, curé du Verdon.
l'Abbé COSTE, curé de Soussans (Médoc).
l'Abbé DONDEAU, curé de Fargues de Créon.
M. JABOUIN, marbrier, rue Bonnafoux.
l'Abbé TIZON, curé d'Yvrac.
l'Abbé DAVID, curé de Floirac.
l'Abbé LAROCHE, curé de Berson.
l'Abbé MAUDUIT, curé de Saint-Léger-du-Balson.
l'Abbé GOURLIER, curé de Saint-Augustin.
le R. P. FRIAQUE, Couvent des Dominicains, rue Lhote, 5.
l'Abbé LACOIN, aumônier de l'Orphelinat agricole de Portets.
M. CHAULIAC, rue de l'Arsenal, 22.
l'Abbé GIMEAU, vicaire à Saint-Paul.
M. E. LABARTHE, place de la Tour-Saint-Michel, 31.
l'Abbé TOURREAU, supérieur du collège de Bazas.
l'Abbé MÉNARD, supérieur du collège de Saint-André-de-Cubzac.
M. BALLANS, instituteur public à Naujac.
l'Abbé MALSAN, curé de Fargues de Langon.
M. P. DAGRAND, peintre verrier.
M. Charles-Marie OUHET, rue Louis, 2.
l'Abbé GRASSIS, curé de Lamarque, Médoc..
l'Abbé AMANIEU, curé de Branne.
l'Abbé ROI, curé de Verdelais.

l'Abbé GRÉTEAU, curé de Bayon.
l'Abbé RECOULE, curé de Talais.
l'Abbé DUBOURDIEU, chanoine honoraire, aumôn. des Enfants assistés.
l'Abbé PINSAN, curé de Civrac (Médoc).
M. Philippe VÉRON.
Alfred SÉRAFON, pharmacien.
M. DUBLANC.
l'Abbé FONTÉMOIN, chemin du Sacré-Cœur à Caudéran.
l'Abbé DESCLAUX, curé de Saint-Avit-du-Moiron.
l'Abbé BACHERÉ, supérieur du Collège de Sainte-Foy..
l'Abbé GODET, curé de l'Isle-Saint-Georges.
l'Abbé LAPLUIE, aumônier du Bon-Pasteur.
l'Abbé LADAVE, vicaire à Queyrac.
l'Abbé COUTEAU, aumônier du Dépôt de mendicité.
l'Abbé ESTÉVE, aumonier de l'Orphelinat de la Mission.

Première Partie

BIOGRAPHIE DE PEY BERLAND

ARCHEVÊQUE DE BORDEAUX

PRIMAT D'AQUITAINE (1430-1456)

> *Tulit me dominus cum sequerer gregem :
> et dixit dominus ad me : vade propheta ad
> populum meum Israël.*
>
> Le Seigneur m'a pris lorsque je menais
> mon troupeau, et il m'a dit : allez, et parlez
> comme mon prophète à mon peuple d'Israël.

CHAPITRE I

Pey Berland ; lieu de sa naissance ; son origine ; ses modestes occupations de berger ; il apprend à lire et à écrire à l'insu de ses parents. Ses études à Bordeaux ; il suit les cours de philosophie et de théologie à l'Université de Toulouse ; il est reçu bachelier en droit canon.

Il n'entre pas dans le plan de notre ouvrage d'écrire l'histoire, proprement dite, de Pey-Berland : elle est suffisamment détaillée et connue par les dépositions des témoins qu'on lira plus loin dans le cours de l'enquête pour servir à sa canonisation : nous nous proposons, avant tout, de rétablir son culte interrompu par la Révolution de 93 ; néanmoins, pour satisfaire l'impatiente et bien légitime curiosité de nos lecteurs, nous allons de suite raconter, sommairement, les principaux traits de sa belle et étonnante vie, jusqu'à son élévation à l'épiscopat dont nous aurons à nous occuper, ainsi que de ses bonnes œuvres, de ses fondations, de sa sainte mort, de ses miracles et de sa cause en cour de Rome, sans nous astreindre à suivre l'ordre chronologique des faits. Nous terminerons notre livre par la publication de son testament.

Michel-André-Raphaël-Pierre Berland naquit de pauvres cultivateurs, entre les années de 1375 à 1380 (1), dans un hameau, à huit kilomètres du bourg de Saint-Pierre d'Avensan, en Médoc. La tradition ne nous a pas conservé l'ancien nom de ce hameau ; il se nomme aujourd'hui Saint-Raphaël à cause d'une chapelle dédiée à cet archange : le pieux archevêque la fit construire (1447) sur l'emplacement d'une dépendance (2) de la maison paternelle pour la commodité des habitants de la Lande, trop éloignés de l'église paroissiale ; il y établit un prêtre pour la desservir.

Le 15 juillet de chaque année, jour de la fête patro-

---

(1) La date précise de sa naissance n'est pas connue.
(2) Lopez se trompe lorsqu'il dit que Pey Berland fit construire une chapelle sur l'emplacement de sa maison paternelle : cette maison existait encore, six mois avant sa mort, puisqu'il dit dans une clause de son testament : « Je donne à mon consanguin ma part du bien paternel qui est la moitié, à la condition qu'il habitera la maison paternelle et qu'il ne pourra pas l'aliéner. » La chapelle construite en 1447 ne fit donc pas disparaître la maison où naquit le saint Archevêque, puisqu'elle existait encore en 1456, époque où il ajouta cette clause à son testament.

nale, il se fait à Saint-Raphaël un grand concours de pèlerins venus de toutes les parties du Haut-Médoc et d'autres contrées voisines, attirés, sans nul doute, par le souvenir de leur saint compatriote qu'ils n'ont cessé d'invoquer depuis sa mort jusqu'à nos jours; on peut donc affirmer, malgré les abus qui se sont mêlés à cette grande manifestation populaire, que le culte qu'on lui a toujours rendu, au lieu de sa naissance, n'a pas subi d'interruptions notables.

Les premières années de Pierre Berland se passèrent dans les modestes occupations de berger : pendant qu'il était à la garde de son troupeau de brebis, il allait, à l'insu de ses parents, à une lieue de là, apprendre à lire et à écrire, chez un ancien notaire, Raymond de Bruges, (Raymondus de Burgis); le bon vieillard accueillait volontiers le jeune berger : il était frappé de sa physionomie douce et intelligente et de l'ardeur qu'il mettait à s'instruire : il devina sans peine, avec sa vieille expérience, qu'il y avait dans cet enfant quelque chose de plus qu'ordinaire; que Dieu, selon toute probabilité, avait des vues particulières sur lui, et le destinait à quelque grande mission : il en prit un soin tout particulier, pour seconder, autant qu'il le pourrait, les desseins de la divine Providence sur son jeune élève.

Les parents de Pierre ne tardèrent pas à s'apercevoir des fréquentes absences de leur fils; ils voulurent en connaître les motifs : à ses réponses, ils comprirent qu'il avait un très grand désir d'étudier et de s'instruire : quoique contrariés de trouver, dans leur fils unique destiné à leur succéder, de semblables dispositions, si peu conformes à leur humble condition, ils se déterminèrent, néanmoins, malgré la médiocrité de leur fortune, à l'envoyer faire ses études à Bordeaux.

Par l'entremise de quelques protecteurs, il fut placé chez un riche habitant de la ville pour avoir soin d'un petit enfant, le faire promener et lui apprendre à lire. L'honorable bourgeois apprécia bien vite les belles et nobles qualités du jeune précepteur de son enfant : il le traita avec bonté, l'admit dans son intimité, comme s'il avait été son propre fils, lui procura tous les moyens nécessaires pour assister aux classes de latin de l'école municipale, rue des Lois. Ses études terminées, Pey Berland se rendit à Toulouse pour suivre les cours de philosophie et de théologie dans la célèbre Université de cette ville, fréquentée alors par plus de deux mille écoliers venus de toutes les parties du midi de la France.

A Toulouse, comme à Bordeaux, il se fit remarquer par sa piété, l'austérité de ses mœurs, son talent hors ligne, et son application constante au travail. Ses grands succès le mettaient bien au-dessus de tous les autres étudiants, sans jamais exciter leur jalousie, tant il se montrait bon, prévenant et serviable envers tous. Sa théologie terminée, il fut reçu bachelier en droit canon ; et lorsqu'il quitta la ville savante, il ne laissa, parmi ses professeurs et ses camarades, que des admirateurs et des amis : c'est là le beau privilège de la vertu et de la science modeste, de conquérir les cœurs ! l'orgueil les indispose et les éloigne.

CHAPITRE II

Pey Berland, rentré à Bordeaux, est ordonné prêtre. Il devient le secrétaire du cardinal François II Hugocion; l'accompagne en France, en Angleterre, et au concile de Pise; lui administre les derniers sacrements; fait inhumer son corps à Rome. Il part pour la Palestine : à son retour il est nommé curé de Bouliac.

Le siège archiépiscopal de la capitale de la Guienne était occupé, à cette époque, par le cardinal François II Hugocion; ce prélat, d'un très grand mérite, attira auprès de lui le jeune bachelier, dont la réputation de piété et de savoir faisait déjà grand bruit dans les rangs du clergé et parmi les personnes du monde, l'ordonna prêtre en 1407, sans tenir compte de la résistance que lui suggérait sa profonde humilité, et se l'attacha en qualité de secrétaire; dès lors, une étroite amitié, malgré la différence d'âge et l'inégalité des rangs, se forma entre ces deux hommes si bien faits pour se connaître et s'aimer : à partir de ce moment Pey Berland devint le conseiller et le bâton de vieillesse de son archevêque; il l'accompagna dans sa délicate légation auprès des rois de France et d'Angleterre, pour les prier de favoriser la réunion du Concile indiqué dans la ville de Pise (1409). Un canonicat étant devenu vacant dans la cathédrale de Bordeaux, Hugocion en pourvut son secrétaire le 2 octobre 1410.

Après la clôture de ce Concile, dont les tristes conséquences ne firent qu'aggraver la déplorable situation de l'Église, le cardinal François, atteint d'une dangereuse maladie causée par les fatigues de son voyage en France et en Angleterre, peut-être aussi par les nombreux travaux auxquels il s'était livré, se retira en Toscane, sa patrie, espérant que l'air natal rétablirait sa santé; hélas! il se faisait illusion; le mal progressant de jour en jour, malgré les soins des hommes de l'art, son état devint tellement alarmant, que Pey Berland ne craignit pas de l'en avertir.

Le saint vieillard, qui sentait sa fin approcher, demanda à se confesser; il ne voulut confier les derniers secrets de sa conscience qu'à son secrétaire et ne recevoir que de sa main les sacrements de l'Église; à peine cette triste et imposante cérémonie terminée, il entr'ouvrit les yeux, les fixa sur son ami, comme pour lui dire l'adieu suprême, et il expira doucement dans ses bras le 19 août 1412. Sa belle âme, dégagée des liens du corps, s'envola dans le sein de Dieu, pour y recevoir l'éternelle récompense de ses travaux et de ses vertus : *Beati qui in Domino moriuntur, opera enim illorum sequuntur illos.* Heureux ceux qui meurent dans le Seigneur, car leurs œuvres les accompagnent, comme un cortège d'honneur et de sûreté, jusqu'au tribunal du juste Juge, où les attend la couronne de justice réservée à ceux qui combattent les bons combats et qui meurent dans l'intégrité de la foi, comme saint Paul.

Pey Berland, désigné pour être l'exécuteur des dernières volontés du cardinal, fit porter et inhumer son corps à Rome, dans l'église de Notre-Dame la Neuve. Pendant son court séjour dans la capitale du monde chrétien, il alla souvent prier sur la tombe de son regretté père, et chaque fois il l'arrosait de ses larmes. Il fit graver, sur le marbre qui couvrait sa dépouille, cette pieuse et touchante épitaphe :

CARDINEI · QUI · SUMMUS · HONOR · QUI · GLORIA · COETUS
ALTA · FUIT · PARVO · SUB · MARMORE · CLAUDITUR · ISTO
HIC · QUE · CORONATOS · VIR · SANCTUS · QUATUOR · ANNOS
HIC · TITULUM · TENUIT · NULLI · VIRTUTE · SECUNDUS
SPIRITUS · EGREGIIS · MERITIS · PRÆCLARUS · IN · ASTRIS
FRANCISCI · RESIDET · COELIQUE · LOCATUR · IN · AULA
OBIIT · ANNO · DOMINI · MCCCCXII · MENSE · AUGUSTO.

TRADUCTION DE L'ÉPITAPHE

Celui qui fut l'honneur le plus brillant du Cardinalat et la gloire illustre du Concile, est renfermé sous ce marbre modeste. Cet homme, dont la sainteté et la vertu ne le cédèrent à personne, porta longtemps le titre des Quatre-Couronnés.

L'âme de François, ornée des dons les plus sublimes, brille parmi les astres et triomphe dans la Cour céleste; il mourut l'an du Seigneur 1412, au mois d'août. (Lopez, page 261.)

Après ce dernier acte de sa piété filiale, et une prière fervente qu'il fit monter au ciel pour le repos de l'âme de son Archevêque, Pey Berland, triste et le cœur navré de douleur, s'éloigna de la ville éternelle : elle était alors plongée dans le deuil, le sang et les ruines causés par une soldatesque effrénée, dont les chefs, vrais tyrans, s'étaient emparés des biens de l'Église à la faveur du schisme.

Dans les derniers jours du mois d'août, il s'embarqua pour les saints lieux, berceau à jamais béni de notre religion ; il voulait retremper son âme aux sources vivifiantes du christianisme. Après de nombreux dangers et des fatigues excessives, il put enfin fouler le sol de la Palestine sanctifié par les pas et les miracles de l'homme-Dieu, le grand martyr de l'amour, dont le sang versé sur le Golgotha a sauvé le monde : c'est là que, prosterné et comme anéanti devant le tombeau du Christ, il comprit mieux que jamais le néant des biens de la terre et la vanité de ces frivoles grandeurs si ardemment recherchées par les hommes du siècle. Le souvenir d'un Dieu mourant sur la croix le convainquit profondément de cette grande vérité, qu'il n'y a, ici-bas, pour l'homme, qu'une seule chose nécessaire, le salut de son âme : *Unum est necessarium*.

Au bout de quelques mois consacrés à la prière et à de pieux pèlerinages, qui causèrent dans son âme d'inénarrables émotions et allumèrent dans son cœur un zèle ardent pour le salut des âmes rachetées par la mort du Sauveur Jésus, ayant satisfait à toutes ses dévotions, il quitta la Terre-Sainte, séjour de bénédictions et de bonheur. Rentré à Bordeaux, il fut installé comme chanoine de Saint-André et se mit en devoir d'en remplir les fonctions ; mais la vie paisible et monotone d'un chanoine ne pouvait convenir à cette âme ardente, à ce cœur généreux brûlant d'amour pour Dieu et le prochain ; il lui fallait des pécheurs à convertir, des âmes à sauver, des infortunes à soulager, des affligés à consoler et des pauvres à nourrir. Il demanda, en conséquence, une cure de campagne : bel exemple à suivre dans notre siècle d'ambitions et de basses intrigues, où tant d'insensés consument leur vie à poursuivre des fantômes sans jamais pouvoir les atteindre : lorsqu'ils croient être parvenus au terme de leurs désirs, tout s'évanouit alors comme une vaine fumée, et il ne leur reste que le regret amer d'avoir perdu leur temps et leur conscience.

Pey Berland fut servi au gré de ses désirs : le successeur du cardinal François II Hugocion, David de Montferrand, le nomma à Bouliac ; il trouva l'église de cette vaste paroisse dans un état déplorable et en quelque sorte tombant en ruines ; il la reconstruisit presque de fond en comble et telle qu'on la voit encore aujourd'hui, moins les créneaux supprimés il y a une quarantaine d'années ; il fit refaire à neuf la toiture (1), la pourvut d'autels, d'ornements, de vases sacrés, et lui assura, au moyen de quelques fondations, des revenus suffi-

---

(1) *Imprimis reparari fecit ecclesiam de Boliaco, et cooperiri totaliter.* (*Enquête de sa canonisation.*)

sants pour l'entretien du culte; des personnes pieuses et riches lui vinrent en aide, en s'associant à son œuvre.

La population, dispersée et démoralisée par le passage continuel de gens de guerre, tour à tour anglais et français, devint l'objet de sa plus ardente sollicitude : à force de zèle et de courses, il parvint à la rassembler et à l'instruire. Rien ne l'effrayait, ni fatigues, ni dangers; il se faisait tout à tous et dépensait généreusement sa vie pour le salut de son peuple, mettant ainsi en pratique ces belles paroles de l'Evangile : « Le bon pasteur donne sa vie pour ses brebis, *bonus pastor dat animam suam pro ovibus suis.* »

Que de prêtres, depuis lors, ont passé dans cette paroisse, exerçant le saint ministère dans son église qui rappelle de si doux souvenirs historiques, sans jamais songer, peut-être, ni à Pey Berland, ni à son œuvre !

Ce que nous disons de Bouliac, nous pouvons le dire aussi de Lormont, d'abord simple village dépendant de Bouliac et érigé en paroisse sous le pontificat du bon Archevêque. Son église fut bâtie et consacrée par ce saint pontife, comme l'indique l'inscription en lettres gothiques qu'on voit, ainsi que ses armes, sur un des murs de l'édifice.

Pey Berland lui donna un calice d'argent doré, revêtu de ses armes, à la condition qu'on le mettrait à sa disposition et à celle de ses successeurs lorsqu'ils voudraient dire la sainte messe dans la chapelle du château de Lormont ; il lui fit don, en outre, d'un missel neuf et complet, avec défense aux paroissiens de le vendre.

CHAPITRE III

Pey Berland renonce à sa cure ; il est nommé membre de la cour souveraine de Guienne ; il réconcilie les seigneurs et les vassaux de la province. Il est élu archevêque de Bordeaux ; part pour Rome ; il est sacré par le pape ; *prête le serment d'usage* entre les mains de Martin V.

Il y avait à peine sept ans qu'il gouvernait cette paroisse, avec le zèle d'un apôtre et la prudence d'un sage, lorsque des évènements politiques vinrent l'arracher à ce poste si conforme à ses goûts et à son ardente charité. Sur les instances réitérées d'Henri VI (1), roi d'Angleterre, il quitta Bouliac pour n'avoir à s'occuper que de son canonicat. Ce prince, connaissant sa prudente fermeté et les rares ressources de son génie dans les affaires politiques, voulait, dans ces temps de guerres continuelles, l'employer à des négociations que lui seul pouvait traiter avec succès : il le nomma, en 1423, membre de la cour souveraine de Guienne, et le char-

---

(1) Lettres d'Henri VI rapportées par Rimer.

gea, en 1428, d'examiner le différent survenu entre les Seigneurs et les Vassaux de la province (1), lui donnant plein pouvoir de prononcer souverainement, dans cette dangereuse contestation, en lui recommandant de faire son possible pour rétablir la paix.

Le siège archiépiscopal de Bordeaux, devenu vacant par la mort de David de Montferrand, décédé à Londres à la fin de 1429, ouvrit la porte à de nombreuses ambitions : plusieurs personnages puissants, entre lesquels Pierre de Foix, fils d'Archambault de Gralli, Captal de Buch, intriguèrent activement pour obtenir cette haute dignité. Le chapitre métropolitain voulant mettre fin à toutes ces menées peu édifiantes, usa de son droit d'élection et nomma un des siens, le docte et modeste Pey Berland (2).

Ce choix heureux causa dans le diocèse, et même dans toute la province ecclésiastique, de vifs sentiments de joie.

Le nouvel archevêque seul s'en affligea et protesta énergiquement contre son élection ; mais, inutilement : on objecta à toutes ses raisons que la voix du chapitre étant la voix de Dieu, il devait se soumettre ; il se soumit,

---

(1) Lettres d'Henri VI, rapportées par Rimer.

(2) En 1137, Louis VII, dit le Jeune, donna aux chapitres des cathédrales et aux abbayes le droit d'élire leurs évêques et abbés. Le Saint-Siège n'intervenait que pour confirmer ou rejeter l'élection qui lui était soumise ; cet usage fut maintenu jusqu'en 1517. Le concordat passé entre Léon X et François Ier, en accordant au roi le droit d'élire les évêques et archevêques et au pape leur confirmation, les chapitres se trouvèrent privés de cette prérogative d'élire les évêques et protestèrent contre cette mesure et, malgré l'intervention des parlements, elle fut maintenue.

en effet, avec une sainte résignation, en versant des larmes.

La cour de Rome accueillit avec faveur cette élection et s'empressa de la sanctionner ; le pape Martin V écrivit, au futur primat d'Aquitaine, une lettre de félicitation et lui fit expédier immédiatement ses lettres de confirmation, le 16 octobre suivant, l'autorisant à se faire sacrer où et par qui il voudrait.

Pey Berland partit pour Rome et reçut, des mains mêmes du pape, la consécration épiscopale (1430) (1), et prêta le serment d'usage auquel étaient tenus tous les évêques avant leur sacre (2) ; ce ne fut, cependant, qu'au mois d'avril 1431 qu'il put être installé sur son siège archiépiscopal.

Voici la formule du serment épiscopal, telle que nous la transmet Dom Devienne :

Je, Pierre Berland, élu archevêque de Bordeaux, promets et jure dès ce moment d'être fidèle et obéir à saint Pierre, à l'église romaine, et à Monseigneur le Seigneur Martin V, pape, et à tous ses successeurs élus canoniquement, je ne consentirai en aucune façon qu'ils perdent la vie ou quelques membres, ni qu'il leur arrive aucun mal, je ne découvrirai rien de ce qui peut

---

(1) On voit encastré, devant le maître-autel de l'église d'Avensan, un bas-relief représentant un pape entouré de plusieurs évêques conférant la consécration épiscopale à un personnage à genoux devant lui ; évidemment, Pey Berland a dû faire placer ce bas-relief dans l'église de sa paroisse natale pour y perpétuer le souvenir de sa consécration par le pape Martin V et comme un témoignage de sa reconnaissance.

(2) Lopez.

être nuisible au pape et aux droits de saint Pierre, je les défendrai au contraire contre qui que ce soit. Je traiterai avec honneur les légats du Saint-Siège lorsqu'ils seront dans mon diocèse et je préviendrai leurs besoins, je me rendrai au Concile lorsque j'y serai appelé à moins d'un empêchement légitime. Je visiterai en personne ou par procureur, tous les ans, la cour romaine si elle est en deçà les monts, et tous les deux ans si elle est au delà, à moins que le pape ne m'en dispense. Je n'aliénerai rien, soit par vente, soit par donation. Je ne donnerai à fief aucun des biens de la maison archiépiscopale sans consulter le pontife romain. Ainsi Dieu me soit en aide et les saints évangiles.

Deuxième Partie

RÉTABLISSEMENT
DU CULTE DE PEY BERLAND

ARCHEVÊQUE DE BORDEAUX (1430-1456)

Publication de documents : tels que Bulles, Brefs, Enquêtes, Suppliques et Clauses testamentaires du saint.

> *Dilectus deo et hominibus, cujus memoria in benedictione est.*
> Il a été chéri de Dieu et des hommes et sa mémoire est en bénédiction.
> (Eccl., ch. 45, VI.)

CHAPITRE PREMIER

Avant-propos : réflexions morales. — Pey Berland se distingue par d'éminentes vertus sacerdotales ; son érudition, sa modestie, l'aménité de son caractère le font remarquer parmi les pères du concile de Pise ; le cardinal Colona l'honore de son estime et de son amitié.

Ecrire l'histoire, parler avec admiration et célébrer les vertus de ces hommes d'élite dont la vie tout entière a été consacrée au service de l'Église et au bien de leurs semblables, n'est-ce pas rendre gloire à Dieu et faire ressortir aux yeux du monde les merveilleux effets de sa grâce? Par ses douces prévenances et l'abondance de ses dons, il les a formés, dès leur bas âge, à la pratique de toutes les vertus chrétiennes et civiles ; les a placés ensuite de distance en distance, sur les divers chemins de la vie, comme des phares destinés à éclairer et à guider le genre humain dans l'accomplissement des devoirs qui lui sont imposés par la divine Providence, pour recevoir, après cette vie, la récompense réservée au serviteur vigilant et laborieux.

Dieu est l'auteur de tout bien : c'est de lui qu'émane ce qu'il y a de beau, de grand et de sublime sur la terre ; les hommes n'en sont le plus souvent que les faibles instruments. Les saints le comprennent si bien que, dans ce qu'ils font, ils ne se considèrent que comme des êtres incapables de faire quoi que ce soit de méritoire pour le Ciel, et même de concevoir une pensée louable sans le secours d'en haut; ils ne voient que Dieu dans toutes leurs actions, et lui en réfèrent l'honneur et la gloire : *Soli deo honor et gloria.* Lorsqu'on se permet, à leur grand déplaisir, de faire leur éloge, ils répondent humblement et sans arrière-pensée : nous ne sommes que des serviteurs inutiles : *Servi inutiles sumus,* nous n'avons fait que nous conformer à l'enseignement et aux préceptes du divin Maître : *Quod debuimus facere fecimus.*

Telles ont toujours été les dispositions d'esprit et de cœur de Pierre Berland, de cet ancien pâtre des landes d'Avensan, au pays des Médules ; homme vraiment apostolique dont l'Esprit-Saint a sans cesse dilaté le cœur, afin qu'il se montrât, en tout, comme il l'a fait, un digne ministre du Seigneur, par beaucoup de patience dans les persécutions, dans les tribulations, dans les afflictions et dans les privations de toutes sortes; aussi, mérita-t-il par sa science, sa sainteté et ses grandes vertus sacerdotales, d'être élevé sur le siège archiépiscopal des primats d'Aquitaine, le 16 octobre 1430, sous le pontificat du Pape Martin V, qui l'honorait de son estime et de son amitié, depuis qu'il avait fait sa connaissance au Concile de Pise (1409), où, jeune encore, il avait accompagné, en qualité de secrétaire et d'ami intime, son illustre et saint archevêque, le cardinal François II Hugocion. Dans cette nombreuse et imposante assemblée (1), malgré tout le soin qu'il portait à se cacher sous le voile de la modestie, l'éclat de ses vertus, la douceur et l'aménité de son caractère, sa vaste science littéraire et théologique, attirèrent tous les regards sur le jeune prêtre bordelais, à peine âgé de vingt-neuf ans; on admira bientôt en lui, dit un de ses plus éloquents panégyristes, une science profonde, une piété solide et une simplicité angélique (2).

---

(1) L'ouverture du Concile se fit le 25 mars (1409); toute la chrétienté y fut représentée par 22 cardinaux, 4 patriarches, 12 archevêques, 80 évêques, 102 délégués d'ordres religieux, les généraux des quatre Ordres mendiants, 120 maitres en théologie 100 docteurs en théologie ; les ambassadeurs de toutes les puissances de l'Europe s'y trouvaient.
(2) L'abbé Thibaut, Distribution des prix du Petit-Séminaire (1857).

CHAPITRE II

Supériorité de Pey Berland sur tous ses prédécesseurs ; ses abondantes aumônes, son amour pour les pauvres ; il fonde l'hôpital Saint-Pierre ; établit l'Université de Bordeaux et le Collège Saint-Raphaël ; construit la tour qui porte son nom.

En parcourant la longue liste des archevêques qui ont occupé, pendant près de quatorze siècles, le siège archiépiscopal de Bordeaux, on en rencontre un grand nombre qui se sont fait remarquer par une naissance illustre et la sainteté de leur vie ; par leur charité, leur science et des œuvres louables et utiles ; mais celui de tous qui a jeté le plus d'éclat durant un épiscopat de vingt-six ans, rendu célèbre par une multitude innombrable de bonnes œuvres, d'asiles pour les pauvres, d'établissements religieux, de restaurations d'églises et de monastères ruinés pendant la guerre, est, sans contredit, Pierre Berland ; son cœur compatissant et généreux s'ouvrait à toutes les infortunes et à toutes les misères qui affligent l'humanité ; sa charité ne connaissait pas de bornes ; tous les malheureux, qu'il appelait ses enfants chéris, trouvaient place dans son cœur paternel ;

il distribuait aux indigents, aux églises et aux couvents tous les revenus de son archevêché, se réservant à peine le strict nécessaire pour lui et les personnes de sa maison. Ses aumônes, dit l'historien Devienne, parvenaient jusque dans le sein de ces familles que les malheurs de la guerre avaient réduites à la dernière indigence; elles avaient d'autant plus besoin de ressources que le souvenir de leur ancien état les déterminait souvent à se laisser périr plutôt que d'exposer en public le tableau humiliant de leurs misères.

Non content de ces aumônes de tous les instants du jour, que son aumônier était chargé de faire aux nécessiteux et que lui-même allait souvent porter au domicile, il fonda à ses dépens, dans le quartier populeux de Saint-Seurin, sur le mont Judaïque (1), en face de l'église de Saint-Martin, l'hôpital Saint-Pierre, où pouvaient être reçus sans difficultés tous les pauvres de quelques pays qu'ils fussent. Il dota ce pieux asile de mobilier et de revenus considérables pour l'entretien et la nourriture de ses habitants. Un riche seigneur de Pessac, Pierre du Trac, vint lui apporter tous ses biens, et demanda comme une faveur de s'y enfermer pour soigner les malades; trait sublime de charité, de dévouement et d'abnégation de soi-même, digne des temps apostoliques!

On peut lire dans l'abbé Baurein (*Variétés Bordeloises*) le catalogue des donations faites à cet hôpital par le charitable Archevêque.

---

(1) Partie de la place Dauphine.

A ces nobles et louables qualités d'un grand cœur, Pey Berland joignait celles d'une haute et judicieuse intelligence; il aimait l'étude de la théologie, des sciences et des lettres; il s'y adonnait avec ardeur, je dirai même avec une noble passion, autant que pouvait le lui permettre les devoirs nombreux et difficiles de l'épiscopat, dont il s'acquittait avec un zèle qui faisait l'admiration de ceux qui le voyaient à l'œuvre; il passait pour un des plus savants prélats de son temps.

Ce saint archevêque voulait que tous ses prêtres fussent instruits en théologie, dans les lettres et les sciences, parce qu'il était persuadé que l'ignorance du clergé est la cause de grands désordres dans l'Eglise, et, par suite, parmi les fidèles. Pour remédier, autant que possible, à ce mal immense qui, on peut l'affirmer, est l'ennemi déclaré des bonnes mœurs et de la foi, il fonda, en 1442, le célèbre collège de Saint-Raphaël, où les jeunes gens qui se destinaient au sacerdoce devaient étudier spécialement, pendant dix ans, la théologie et le droit canon. Il s'était déjà occupé, dès l'année précédente, d'une autre œuvre bien plus importante encore, qui devait répandre tant de lumière dans son diocèse; je veux parler de l'Université dont il dota sa ville épiscopale (1).

Pour faire cette fondation, que désiraient depuis longtemps les rois d'Angleterre, il dut s'adresser en Cour

---

(1) Voyez ANCIENNE UNIVERSITÉ DE BORDEAUX, publiée dans la *Revue de l'Instruction publique* et reproduite par M. Léonce de Lamothe dans la *Revue de Bordeaux*, 8 octobre 1854.

de Rome, car au Souverain Pontife seul appartenait le droit de fonder des Universités. Il choisit dans les couvents de la ville, et parmi les professeurs *in sacrâ paginâ,* un homme qui jouissait d'une grande réputation de vertus et de talents, le Père Faget, de l'Ordre des Carmes. Il le chargea d'aller à Rome pour hâter la création de cette nouvelle institution.

Cette demande d'un archevêque vénéré à Rome, et faite au nom des jurats et du grand sénéchal de Guienne, fut favorablement accueillie. Eugène IV, convaincu lui-même des avantages qui résulteraient pour l'Église et la société de cette fondation, donna son consentement par un rescrit daté de Florence, le 7 mai 1441; il investit Pey Berland de pleins pouvoirs pour fonder l'Université de Bordeaux; il lui adjoignit l'évêque de Bazas, François de Cavier, abbé commandataire de Sainte-Croix, et Pascal Guillot, administrateur de cette abbaye; l'archevêque lui-même, conjointement avec ces deux hommes pieux et savants, en dressa les statuts et en fut le premier chancelier, conformément au bref du Pape qui lui conférait cette dignité, et, après sa mort, au premier archidiacre de l'église métropolitaine, qui était celui du Médoc, pays natal de Pey Berland. Ce privilège lui a été maintenu jusqu'à la Révolution de 1793. Notre saint archevêque, toujours généreux, voulut supporter seul tous les frais nécessaires à l'établissement de l'Université bordelaise (1).

---

(1) Le vertueux prêtre Léonard de Ségonie, qui avait fait partie de la

En 1472, Louis XI lui accorda les mêmes privilèges qu'à celle de Toulouse, mais elle ne fut réellement florissante que sous le règne de François Ier, au retour de sa captivité en Espagne (1526). Elle embrassait les quatre Facultés: un chancelier, un vice-chancelier, un recteur, treize professeurs ainsi répartis : quatre pour la théologie, quatre pour le droit civil et économique, un de droit français, deux en médecine, deux pour les arts.

Que dirons-nous maintenant de la tour qui porte le nom du saint archevêque? Ce grandiose et superbe monument attire encore nos regards étonnés, et excite toujours notre admiration et notre reconnaissance. Malgré ses nombreuses dégradations faites par le temps, et plus encore par la main cupide et révolutionnaire de quelques hommes d'une époque de crise et de bouleversement, il conserve toujours l'empreinte du génie de son auteur, et perpétue de siècle en siècle le souvenir de la charité de celui qui en conçut l'idée.

Les luttes sanglantes et presque continuelles de la France et de l'Angleterre portaient le désordre et la dévastation dans les campagnes : les terres, demeurées incultes, ne produisaient plus pour nourrir leurs habitants ; ces malheureux, maltraités et mourant de faim,

---

maison de Pey Berland, dit dans sa troisième réponse au sujet de l'enquête de la canonisation du saint archevêque : « Ipse quoque et deposuit dictus testis « loquens, quod dictus Petrus archiepiscopus impetravit suis sumptibus a « summo Pontifice Eugenio IV, fundationem studii universitatis Burdiga- « lensis. » Pierre Berland, archevêque, obtint du Souverain Pontife Eugène IV la fondation de l'Université de Bordeaux et paya lui-même les frais nécessaires à cette fondation.

fuyaient leurs demeures incendiées pour se réfugier dans les villes; mais de préférence à Bordeaux, espérant y trouver la sécurité et le pain de l'aumône : ils savent qu'il y a dans la cité un homme compatissant et généreux, un homme dont la charité embrasse toutes les misères, donnant à pleines mains ce qu'il possède pour secourir les indigents. Voyez-les, ils entourent sa demeure; ils poussent des cris déchirants et tendent des mains suppliantes pour avoir du pain, des vêtements et un asile. Pey Berland, touché et profondément ému à la vue de tant d'infortunés, les visite et leur adresse des paroles de consolation; leur fait distribuer ses blés, son or et son argent et se réduit à l'indigence pour les soulager. C'est un père qui pourvoit, autant qu'il le peut, aux besoins les plus urgents de ses enfants; mais sa sollicitude ne se borne pas aux nécessités du présent, il songe à l'avenir : le moment est venu, pour faire vivre cette grande famille adoptive, de réaliser un projet qu'il a formé pendant son séjour en Italie : il veut élever, à côté de sa cathédrale, un imposant campanile; persuadé, d'ailleurs, que donner du travail à tant de gens qui en réclament c'est leur faire l'aumône en utilisant leurs bras pour une œuvre qui doit tourner à la gloire de Dieu et à l'avantage de l'église de Bordeaux : « Voyez, leur dit-il, ces nombreuses pierres que j'ai préparées pour vos mains, façonnez-les; elles prendront leur essor pour porter à Dieu le témoignage de votre reconnaissance (1). »

---

(1) Mandement du cardinal Donnet (1862) pour l'installation de Notre-Dame d'Aquitaine sur la tour Pey-Berland.

En 1440, le second jour des calendes d'octobre, c'est-à-dire le 6 de ce mois, Pey Berland en posa la première pierre, à quarante mètres environ, du chevet de la cathédrale. Les travaux de ce majestueux édifice furent souvent interrompus par les guerres qui désolaient le pays.

Les Bordelais, reconnaissants, lui ont constamment donné le nom de son véritable fondateur, malgré l'opinion de quelques historiens modernes qui lui disputent la gloire de l'avoir fait terminer.

Cet illustre Pontife nous apparaît comme une des plus nobles et des plus attrayantes figures du quinzième siècle; il est la personnification vraie de l'évêque du moyen âge; on peut le placer au premier rang des hommes célèbres de son époque; il ne fut pas seulement un personnage puissant, il fut encore un grand patriote et un saint évêque; il se consacra à la défense de son pays; il lui dévoua ce qu'il avait de talent et de vie; il eut le privilège des âmes héroïques, de représenter, après la conquête, la cause nationale et d'être persécuté pour elle; il a dû à sa vertu et à ses épreuves une popularité durable. Sa mémoire sainte et vénérée a traversé les âges, attirant toujours à elle les regards et la vénération des peuples; de là ce concert unanime d'éloges et de prières qu'on n'a cessé de lui adresser, pendant près de quatre cents ans, soit au lieu de sa naissance, soit sur son tombe : *Ossa sanctorum alliciunt populos;* les ossements de *Pie...ts* attirent les peuples. On peut lui appliquer ce qu'un auteur ancien a dit d'un autre saint évêque, son contemporain et son ami (1): « Il fut une école de vertus pour les prêtres, un modèle accompli pour les évêques, et un portrait parfait de sainteté pour tous les chrétiens. On lui obéissait pour sa sainteté, on le louait pour sa prudence, on le respectait pour sa gravité; son aménité et ses largesses le rendaient cher à tous, car il passait sa vie en faisant le bien: *Pertransiit bene faciendo.* » « Que j'aime à le voir, a dit un de ses panégyristes (2), comme nous le représentent les chroniqueurs, suivi de deux prêtres, appuyé sur un bâton blanc. Partout, les peuples se pressent sur son passage; on l'accueille comme un bienfaiteur; on l'écoute comme un père. Opposant au glaive qui tue, la croix qui vivifie et fuit les désordres, il éteint la haine dans les cœurs; au milieu des cris de mort, il fait entendre des paroles de paix et de pardon. La discipline ecclésiastique était relâchée, il la rétablit; plusieurs églises jonchaient le sol de leurs débris, il les reconstruisit avec une splendeur nouvelle. Il restaura la Chartreuse de Vauclaire, en Périgord (3). Les peuples

---

(1) Elie de Bourdeille, évêque de Périgueux.

(2) L'abbé Thibaut, Distribution des prix du Petit-Séminaire, 1857.

(3) Le cardinal Hélie de Taleyrand Périgord, si célèbre dans l'histoire, fit achever (1369) le monastère de Vauclaire, dans le diocèse de Périgueux, commencé par ses deux frères Archambaud IV et Roger Bernard, en exécution des volontés de leur père Hélie VII, comte de Périgord. Il y établit les enfants de Saint-Bruno; mais ces pieux solitaires, pour se soustraire aux désastres de la guerre dont ils étaient fréquemment les victimes, vinrent se réfugier à Bordeaux, où un pieux notaire, Pierre de Maderan, par acte passé en 1383, leur donna deux chais contigus et un jardin, dans un lieu appelé Andeyola. Baurein dit qu'ils fondèrent là un hospice qui a donné son nom à ce riche faubourg de Bordeaux, connu sous le nom de Chartrons.

C'est donc une erreur de dire, comme l'ont avancé quelques historiens,

errants demandaient en vain qu'on leur rompît le pain évangélique ; il ouvre les bergeries à ces troupeaux dispersés ; il leur donne des pasteurs. Son pontificat fut pour le diocèse de Bordeaux une ère réparatrice. »

de date récente que Pey Berland fonda Vauclaire ; il n'en fut que le restaurateur. Après la cessation de la guerre, lorsque les Chartreux de Bordeaux voulurent revenir à leur monastère du Périgord tombant en ruines, Pey Berland le fit restaurer en grande partie à ses dépens, il y fit même construire une chapelle (1).

(1) Voyez l'enquête de sa canonisation : par son testament il lègue une somm econsidérable à cette abbaye afin que les religieux soient tenus de célébrer des messes et de prier Dieu pour son âme et pour celle de ses bienfaiteurs.

CHAPITRE III

Elévation de Pey Berland aux dignités ecclésiastiques et civiles; sa fidélité à suivre les inspirations divines; mesures de précautions pour empêcher les révoltes des Bordelais et le retour des Anglais en Guienne.

L'histoire de ce grand Pontife tient vraiment du prodige ! Elle nous montre comment un pauvre paysan, sans crédit et sans fortune, né au milieu d'une vaste lande déserte et presque inhabitée, y vivant de l'humble vie de berger, est devenu un des hommes les plus saints et les plus savants de son siècle; partout, la main de Dieu le pousse et le dirige.

Lorsque saint Benoît, l'illustre patriarche des moines d'Occident, s'éloignait providentiellement du désert de Sublac, après douze années de séjour, de persécution et d'austères pénitences, pour aller fonder son ordre célèbre, sur les hauteurs sauvages et encore payennes du Montcassin, il portait dans son cœur la sainteté monastique et, dans le pan de sa robe de bure, la science et la civilisation; du fond de sa nouvelle retraite, il devait plus tard, lui et ses disciples, les répandre comme des flots de lumières, sur le monde décrépit et ténébreux de la première moitié du moyen âge. Où allez-vous pieux solitaire? lui demanda-t-on? Où courez-vous ainsi, d'un pas précipité? Je vais, répondit le cénobite, sans regarder ni à droite, ni à gauche, je vais où la main de Dieu me pousse : *quò manus Dei impulerit :*

Ah! si nous étions tous dociles à suivre l'impulsion que nous donne la main de Dieu, que d'écarts nous éviterions dans la vie! nous serions des saints comme le grand Benoît. Hélas! nos égarements viennent toujours de ce que nous nous écartons du sentier que nous a tracé la divine Providence.

Pey Berland la suivait attentivement, cette impulsion, lorsqu'il quittait la garde de son troupeau pour se faire initier aux premiers éléments de la science; si on lui avait demandé : Où allez-vous jeune berger? pourquoi laisser vos brebis exposées à la voracité des bêtes féroces? Il aurait répondu comme saint Benoît : Je vais où la main de Dieu me pousse : *Quò manus Dei impulerit*. C'était Dieu, en effet, qui lui inspirait le goût de l'étude, et un désir ardent de devenir un saint et un savant. Il le dirigeait dans les voies du sacerdoce pour en faire plus tard l'instrument docile, intelligent et dévoué de ses grandes œuvres : aussi devint-il, sous sa direction, la merveille et l'oracle de son époque.

Nous comprenons maintenant comment il a pu, sans autre appui que son propre mérite, et l'empire qu'il exerçait sur l'esprit du peuple, des princes et des rois, être choisi pour arbitre dans les querelles qui s'élevaient entre les seigneurs et leurs vassaux. Nous voyons encore comment il est devenu membre de la Cour souveraine de Guienne (1423), archevêque de Bordeaux (1430), ambassadeur, diplomate, commissaire royal avec plein pouvoir d'organiser la guerre pour la défense du pays, et de traiter de la paix, presque d'égal à égal, avec le roi de France, au nom du souverain de l'Angleterre.

Par l'ascendant de ses vertus et le prestige de son génie, il obtint d'un vainqueur puissant et justement irrité, de notables adoucissements à la triste et périlleuse situation des vaincus, infiniment coupables d'avoir violé leur serment de fidélité envers leur nouveau et légitime souverain (1). Il a laissé un souvenir tellement inef-

---

(1) Charles VII avait résolu en plein Conseil de guerre d'infliger un châtiment exemplaire à la ville de Bordeaux pour la punir de sa révolte et d'avoir rappelé les Anglais ; ce châtiment consistait dans l'abolition de tous les anciens privilèges et à faire mourir, avec confiscation de leurs biens, tous ceux de ses habitants compromis dans la rébellion. Il se laissa fléchir cependant, par les prières de Pey Berland ; il se contenta de bannir du royaume, avec confiscation de leurs terres, vingt seigneurs des plus coupables, en tête desquels figuraient le sire de Lesparre, le soudan de Latrau, les seigneurs de Langoiran, de Montferran, de Curton, de Lalande. Les châteaux de Condat, de Langoiran, de Montferrand, de Latrau et autres furent démolis par ordre du roi. La ville fut imposée d'une amende de cent mille écus d'or. Le saint archevêque, profondément affligé du malheur de son peuple ruiné par les Anglais, obtint encore du roi la réduction des cent mille écus à trente mille, et le maintien de quelques-uns de ses privilèges.

Bordeaux vit avec indignation élever dans ses murs deux redoutables forteresses : les châteaux du Hà et Trompette, pour contenir ses habitants dans le devoir et les empêcher de se porter à de nouvelles révoltes. Il fallut se résigner et subir la loi du vainqueur : car c'est toujours malheur aux vaincus comme au temps où le farouche Brennus, chef des Gaulois, maîtres de Rome, lança à la face des Romains humiliés ces foudroyantes paroles : *Væ victis !* malheur aux vaincus, et mit sur la balance sa redoutable épée pour rendre plus lourde la rançon de Rome abattue à ses pieds.

On fit des règlements très sévères à l'égard des Anglais que le commerce attirait à Bordeaux pour les empêcher de donner des inquiétudes, ils devaient s'arrêter à Soulac, à l'entrée de la rivière, en attendant qu'ils

façable parmi les peuples qui ont succédé à ceux qu'il gouverna avec tant de zèle, de charité et d'amour, que son nom, devenu légendaire, est parvenu jusqu'à nous, à travers quatre siècles et plus, environné d'une auréole de gloire et de sainteté.

---

eussent obtenu un sauf-conduit pour se rendre à Bordeaux. Ils étaient tenus de laisser leur artillerie et leurs munitions à Blaye. Arrivés à Bordeaux, on leur assignait des logements et ils ne pouvaient jamais paraître dans les rues avant cinq heures du matin, ni après sept heures du soir. Lorsqu'ils allaient acheter du vin hors de Bordeaux, ils devaint être accompagnés par les archers de la ville. Toutes ces précautions étaient sages et d'une extrême prudence : les Anglais manifestaient toujours le désir de reconquérir la Guienne; pendant plusieurs années, le roi d'Angleterre continua de nommer un sénéchal de Gascogne et un maire de Bordeaux comme il le faisait avant la conquête (rôles gascons).

CHAPITRE IV

Pey Berland est chassé de son palais par Olivier de Coëtivi ; les Bordelais l'y ramènent ; ses infirmités et les tracasseries de Coëtivi le portent à se démettre de son archevêché ; il est accusé faussement d'avoir favorisé le retour des Anglais ; sa justification ; il ne témoigne aucun sentiment d'aigreur à ses ennemis.

Le saint archevêque, âgé environ de soixante-seize ans et accablé d'infirmités causées par ses grandes austérités et les fatigues des longs et difficiles travaux de son ministère épiscopal, plus que par le poids des années, fit cession de son archevêché (1456) entre les mains du cardinal Allin, légat du Saint-Siège en Aragon et administrateur en chef de l'hôpital Saint-Jacques (1). Il n'avait plus ni les forces, ni l'indépendance suffisantes pour gouverner son diocèse comme il l'aurait désiré.

---

(1) Guillaume IX, dernier duc d'Aquitaine, et père de la trop célèbre Éléonore de Guienne, fonda en 1123 l'hôpital Saint-Jacques sur l'emplacement occupé maintenant par le nouveau lycée, ancien collège des Jésuites, la rue Saint-James, voisine de l'église Saint-Éloi, en rappelle le souvenir. Cet hôpital servait à loger les étrangers de passage à Bordeaux, se rendant par la voie des grandes landes à Saint-Jacques de Compostelle en Galice. Les pèlerins y étaient tous en général, hébergés gratuitement pendant deux jours. Sur tout le parcours de la route, il y avait de loin en loin, à une journée de marche, des hospices où les voyageurs trouvaient nourriture et logement pour la nuit. En partant de Bordeaux, la première station qu'on

Il est permis de croire que les tracasseries d'Olivier de Coëtivi, grand sénéchal de Guienne et sous-gouverneur de la province, ne furent pas étrangères à sa détermination. Ce brutal personnage, obéissant peut-être à des ordres secrets, émanés de la cour de France, l'avait, peu de temps auparavant, chassé violemment de son palais ; mais les Bordelais, indignés de ces mauvais traitements exercés contre leur Archevêque, sans se laisser intimider par les nombreuses troupes dont Bordeaux était rempli, allèrent le prendre au collège de Saint-Raphaël, où il s'était retiré, et le ramenèrent contre son gré à l'archevêché, sous les yeux du gouverneur, qui n'osa pas s'y opposer : il fut effrayé du soulèvement de tout un peuple dont l'exaspération pouvait se porter aux dernières extrémités et causer une guerre civile dont il aurait été la cause et, peut-être, la première victime. Le bon Archevêque reprit doucement son administration sans plaintes ni murmures contre ses ennemis.

Quelques personnes malveillantes, comme il s'en trouve toujours dans ces temps de réactions, au lendemain d'une conquête, accusaient Pey Berland d'être demeuré secret partisan de la domination anglaise et

---

rencontrait était un lieu qu'on nomme encore Marcheprime : première marche.

Le temps et les guerres de religion ont tout détruit ; il n'en reste que quelques ruines et le souvenir de ces siècles de foi, où de grands coupables, poussés par les remords de leur conscience, partaient, le bourdon à la main et la gourde au côté, pour aller expier leurs crimes sur le tombeau du saint apôtre.

d'avoir contribué au retour des Anglais, en octobre 1452 ; c'était une odieuse calomnie : son honnêteté bien connue de tous et la délicatesse de sa conscience le rendaient incapable de forfaire à l'honneur et à la religion, en violant ses serments.

Il s'était transporté, avec les principaux seigneurs du pays, au camp français pour négocier la capitulation de Bordeaux, à la veille d'être assiégé par le comte Dunois ; de plus, il avait signé le premier, 12 juin 1451, l'acte de reddition de la ville. Lorsque le bâtard d'Orléans fit son entrée à Bordeaux, il se rendit directement à Saint-André. L'archevêque, à la tête de son chapitre et revêtu de ses ornements pontificaux, le reçut à la porte royale, lui donna de l'encens, lui fit baiser la croix et un reliquaire contenant le bras de saint André ; puis, le prenant par la main, le conduisit dans le chœur devant le maître-autel au milieu d'un concours immense d'hommes de guerre et de Bordelais ; là, Dunois jura sur les saints Évangiles, au nom du roi, de maintenir les privilèges, les franchises et les libertés de Bordeaux. Alors Pey-Berland et les seigneurs les plus marquants de la Guienne s'engagèrent, par un serment solennel, de demeurer loyalement fidèles à Charles VII et à ses successeurs ; après quoi, il entonna le *Te Deum* pour remercier Dieu d'avoir mis fin aux désastres de la guerre.

Or, est-il présumable qu'après tous ces actes accomplis publiquement et à la face des autels, il soit devenu un conspirateur et un parjure ? L'idée seule d'un pareil soupçon révolte la conscience honnête.

Sa démission donnée et acceptée par le Saint-Siège, (1456), le pape Calixte III lui adressa une bulle pleine d'éloges et d'estime avec la bénédiction pontificale; il lui assura, sur la mense archiépiscopale, une pension convenable (1) que devait lui faire l'archevêque Blaise de Gréele et ses successeurs.

---

(1) Vingt pipes de blé, vingt pipes de vin et quatre cents écus d'or.

CHAPITRE V

Pey Berland quitte son palais; il se retire au collège de Saint-Raphaël; il tombe dangereusement malade; sa piété; sa résignation; il remercie Dieu de ses souffrances; il est administré et reçoit la sainte communion avec une grande dévotion; ses forces sont épuisées; les remèdes qu'on lui applique sont sans effet; sa mort est calme comme celle d'un saint; on se rend à son tombeau pour l'invoquer.

Pey Berland, n'ayant plus aucuns motifs de prolonger son séjour dans le palais archiépiscopal, se retira au collège Saint-Raphaël pour y finir ses jours dans les exercices de la prière et de la pénitence; mais il ne jouit pas longtemps des douceurs de cette sainte retraite, au milieu de ses chers enfants, l'espoir du sacerdoce; il était comme un arbre chargé de beaux et excellents fruits dont le doux parfum embaume l'air. Dieu se hâta de l'arracher d'un sol qui ne pouvait plus le nourrir de ses sucs pour le transplanter dans une terre meilleure, dans le ciel. Le 15 janvier, il fut atteint d'une pleurésie dont les élancements continuels lui causaient de violentes douleurs dans les côtés. Loin de s'en plaindre, il bénissait Dieu et le remerciait des souffrances qu'il lui envoyait (1); il

---

(1) Voyez l'enquête pour sa canonisation.

s'estimait heureux de terminer sa vie sur la croix, comme son divin Maître : il savait que c'est sur la croix qu'on trouve le salut; que c'est sur la croix qu'on puise la vie éternellement heureuse : *In cruce salus; in cruce vita.*

Le médecin qui le voyait prescrivit de faire, sur les parties douloureuses, des frictions avec certains onguents et de l'eau de buis (1). Le prêtre chargé de le soigner lui demanda la permission de le découvrir un peu pour exécuter les ordres qu'il avait reçus. Ce ne fut qu'avec beaucoup de répugnance que le saint y consentit.

Oh! quel spectacle attendrissant s'offrit alors aux regards de ceux qui l'entouraient; on vit un corps amaigri n'ayant plus que les os recouverts d'une peau desséchée. Il portait un rude cilice qu'il ne quittait jamais, ni le jour, ni la nuit. Les traces de ce long habit de pénitence paraissaient sur tous ses membres. Il fallut en quelque sorte lui faire violence pour le lui enlever. Les remèdes qu'on lui appliqua furent impuissants à le soulager; il n'y avait plus de vie dans ce corps exténué par les jeûnes, les privations de toutes sortes, et des macérations excessives. Il demanda qu'on lui administrât les derniers sacrements: il les reçut avec beaucoup de foi et de piété : à la vue de la sainte Eucharistie sa figure mourante parut se ranimer, il adora profondément son Dieu et le reçut comme un gage certain du bonheur dont il allait bientôt jouir dans le ciel.

---

(1) Déposition d'un témoin dans l'enquête.

Le 17 janvier (soit le 16 des calendes de février) 1457, le bon archevêque, étendu sur son lit de douleur, les yeux amoureusement fixés sur un crucifix qu'il tenait dans ses mains croisées sur sa poitrine oppressée par la souffrance, rendit son âme à Dieu, avec le calme et la résignation d'un prédestiné : sa mort fut sainte comme sa vie, et sereine comme la fin d'un beau jour. Heureux ceux qui pratiquent la miséricorde envers leurs semblables comme Pey-Berland ! Ils sont assurés de faire une mort précieuse devant Dieu et d'être reçus au ciel dans toute la plénitude de sa miséricorde : *Beati misericordes quoniam ipsi misericordiam consequentur.*

La nouvelle de sa mort produisit en ville et dans tout le diocèse une grande et universelle émotion ; elle fit couler bien des larmes, parmi toutes les classes de la société, mais principalement chez les pauvres : on perdait un père, un bienfaiteur, un consolateur, un modèle accompli de toutes les vertus, enfin, une vraie providence. On se rendit en foule au collège de Saint-Raphaël pour contempler avec amour et pour la dernière fois le doux visage du bienheureux ; sa chambre mortuaire fut constamment remplie de pieux visiteurs jusqu'au moment où il fut exposé dans la chapelle du palais archiépiscopal. D'après ses intentions bien formelles, son corps fut revêtu d'un habit noir, voulant, même après sa mort, faire acte d'humilité. Il fut montré en cet état à ses exécuteurs testamentaires et porté dans la grande chapelle du palais où il resta toute la nuit orné des insignes pontificaux et entouré de quatre torches.

On posa sur son cercueil le poêle en drap d'or dont il avait fait lui-même l'acquisition. Conformément à ses désirs, ses serviteurs devaient dire tout le psautier et l'office des morts. Le 19 janvier, ses funérailles furent célébrées à l'église métropolitaine, au milieu d'une multitude innombrable de peuples accourus de toutes les parties du diocèse pour rendre leurs derniers devoirs d'amour, de regret et de reconnaissance à celui qu'ils appelaient, à si juste titre, leur père, leur sauveur, le *saint*. Le clergé régulier et séculier, tout le corps de ville, maire, sous-maire, et jurats, ainsi que les membres du Parlement, se firent un devoir d'honneur et de religion de faire cortège au saint corps de leur archevêque (1).

A peine sa précieuse dépouille fut-elle déposée dans le tombeau de marbre qu'il avait fait préparer derrière le chœur de la cathédrale, devant la chapelle Saint-Blaise (2), tout auprès et en dehors du Tabernacle où reposait le corps très sacré de Jésus-Christ (3), qu'on

---

(1) Louis XI établit le parlement de Bordeaux par lettres patentes datées de Chinon, le 12 juin 1462.

(2) Actuellement chapelle Sainte-Marguerite, pour laquelle Pey Berland avait une dévotion toute particulière. On est porté à croire qu'il y disait la messe, lorsqu'il était chanoine. Aussi il ne l'oublie pas dans ses dispositions testamentaires : « Je donne, dit-il, à la chapelle Saint-Blaise, pour le service divin un bréviaire placé dans une armoire près de ma sépulture, et j'entends qu'il y reste ; plus un missel que j'ai fait écrire, étant membre du chapitre ; un calice et un ornement avec son écrin qui est dans la chapelle. J'ai acquis le tout lorsque j'étais chanoine. »

(3) *Ante capellam sancti Blasii, juxta armarium sacratissimi corporis Christi, in parte exteriori.*

s'y rendit en foule pour l'invoquer; les uns dans leur pauvreté et leurs maladies; les autres dans leurs besoins spirituels et temporels; nul ne se retirait sans avoir obtenu quelques faveurs : les malades désespérés et abandonnés des hommes de l'art s'y faisaient porter, et tous, ou du moins un très grand nombre, obtenaient leur guérison selon le degré de leur foi et de la ferveur de leurs prières. On y venait des points les plus éloignés du duché d'Aquitaine, même de la France, pour implorer, comme on disait alors, la protection du bienheureux Pey Berland (1); par sa douceur, son affabilité, sa charité et l'austérité de sa vie, il avait gagné le cœur de son peuple; les bordelais après l'avoir admiré, aimé et chéri comme un digne pasteur de leurs âmes, comme leur défenseur courageux et dévoué contre l'oppression des grands, et comme leur père nourricier, pourvoyant, avec

---

(1) Dans le 23ᵐᵉ interrogatoire, on demande à un témoin deux choses : 1º si depuis sa mort Pierre Berland a été regardé par tous, et surtout par les bordelais et ses autres compatriotes, comme un homme bon et excellent, ayant vécu d'une manière digne d'éloges? Le témoin répond affirmativement; 2º Le même Pierre Berland, depuis les cinq dernières années qui viennent de s'écouler, a-t-il passé pour un saint, ou bienheureux? Le témoin répond encore, que c'est comme tel qu'on le regarde dans tout le duché d'Aquitaine et dans tous les pays circonvoisins.

Enfin, dans le 25ᵐᵉ et dernier interrogatoire, on demande si depuis cinq ans il est venu et vient encore un nombre considérable de personnes au tombeau de l'archevêque comme auprès des restes d'un saint? « J'y ai vu une grande multitude de monde, ajoute le témoin, et j'ai même ouï dire que grand nombre de malades atteins de maladies et d'infirmités très graves, ont été guéris en s'approchant de cette tombe, c'est ce dont on peut se convaincre par les représentations et les *ex voto* placés devant ce saint sépulcre.» (Voyez l'enquête.)

une tendre et active sollicitude, à tous leurs besoins, dans ces temps d'agitation et de guerres continuelles et désastreuses, entre la France et l'Angleterre, qui causaient de grandes et fréquentes famines, l'invoquèrent de suite après sa mort comme un saint qui jouissait dans le ciel de la gloire des élus ; de là, le titre de bienheureux qu'ils lui donnèrent et que les générations suivantes ont confirmé en ne l'appelant plus, désormais, que le *bienheureux* Pey Berland.

De grands témoignages de dévotion se produisirent devant la sépulture de Pey Berland, au lendemain de son inhumation, et se sont perpétués sans interruption jusqu'à la fin du XVIIIe siècle. Dans le but de les remettre en usage et de porter les fidèles à reprendre ces pieuses et salutaires pratiques, nous reproduisons ici, d'après l'admirable dessin de M. Léon Drouyn, le portique ou gable de son tombeau, dégagé de tous objets pouvant en masquer la vue et empêcher d'examiner et d'apprécier, dans tous ses détails, ce chef-d'œuvre de sculpture du XVe siècle.

En outre, pour faire acte de solennelle justice à la mémoire du saint archevêque, nous livrons à la publicité une copie fidèle, pour le sens, de son épitaphe primitive gravée sur une plaque de marbre et placée dans un des panneaux du cénotaphe, mais disparue depuis longtemps. Celle que nous donnons n'en diffère que par de légers changements faits sur la forme des caractères par l'architecte Combes, lorsque, en 1804, sur les ordres de Mgr D'Aviau, de sainte mémoire, il modifia l'ancien chœur des chanoines, et le fit tel que nous le voyons aujourd'hui (1).

1. Hic iacet haud procul à cineribus sti Macharii
2. in XTO pater Petrus Berlandus Medulico tractu oriundus
3. hujus Ecclesie primum canonicus mox autem
4. archipresul electus et firmatus

1. Ci-gît, non loin des cendres de saint Macaire,
2. en J.-C., père Pierre Berland, né en Médoc.
3. D'abord chanoine de cette église,
4. puis, élu archevêque et confirmé.

---

(1) Ce chœur, dans son ensemble, est imposant, spacieux et commode ; il porte au recueillement et à la piété : c'est là, précisément, ce qui convient à des hommes de prières, à des chanoines. Dans sa distribution, toutes les proportions d'après les règles de l'art, au dire de l'ancien architecte diocésain M. Abadie, ont été parfaitement gardées pour en faire une acoustique fidèle et précise des chants qu'on y exécute. Ses boiseries, d'un si beau travail et dans un état de parfaite conservation, quoique un peu élevées et dans un style différent de celui de l'édifice, n'ont cependant rien de choquant pour l'œil même le plus sévère, à raison de la hauteur excessive des voûtes, et dans une église où l'unité de style n'existe pas dans ses différentes parties, comme à Saint-André. Il favorise admirablement bien le développement des voix, et particulièrement de celles des enfants. Aucun son, même le plus faible, ne se perd tant l'écho est prompt et direct.

Il y a une vingtaine d'années, le cardinal Donnet eut la pensée de faire diminuer les boiseries jusques à hauteur d'appui, afin de mettre son chapitre en évidence : il n'y avait lieu ! il fit part de son projet à M. Abadie ; « Monseigneur, lui répondit l'habile architecte, le chœur de l'église Saint-André ne laisse rien à désirer : dans son organisation, M. Combes a fait preuve de beaucoup de talent et de goût ; si vous détruisez les boiseries, ce sera le coup de mort de vos chanoines ; ces vieillards ont besoin d'un abri pour les garantir des courants d'air qui se font vivement sentir au fond de la cathédrale. » Mgr Donnet, homme intelligent et humain, comprit et se désista ; grâce au bon et judicieux conseil de M. Abadie, et à la modération du cardinal nous avons encore notre chœur avec ses boiseries protectrices. Que Dieu soit loué ! Soyons reconnaissants et prions pour ces deux hommes qui nous sauvent la vie.

5. Universitatem · Burdegalensem · constituit
6. Collegium · sti · Raphaelis · de · suo · fudavit
7. et · maiorem · turrim · campanariam · erexit
8. Fidei · pacisque · assertor · pauperibus · largus
9. Sibi · parcus · patrie · amor · et · decus
10. obiit · die · XVI Kal · februarii
11. anno · Dni · M.CCCC.LVII/I

5. il établit l'Université de Bordeaux,
6. fonda, de son bien propre, le collège de Saint-Raphaël,
7. il érigea la grande tour du clocher.
8. Soutien de la foi et de la paix, généreux pour les pauvres,
9. Sévère à lui-même, de sa patrie l'amour et l'honneur,
10. il mourut le 16 des calendes février (17 janvier),
11. l'an du Seigneur 1457.

CHAPITRE VI

Cessation du culte de Pey Berland et causes de cette interruption.

Que les temps sont changés! Depuis bientôt un siècle, hélas! cette tombe, autrefois si fréquentée, si pleine d'animation, ne l'est plus : le doux et édifiant murmure des prières de la multitude ne s'y fait plus entendre; elle est devenue déserte et silencieuse; on n'invoque plus ce saint archevêque dont le crédit, si grand auprès de Dieu, peut nous être si avantageux pour notre salut si nous recourons à lui avec une entière confiance. Les personnes affligées et poursuivies par le malheur ne viennent plus épancher leur cœur sur son glorieux sépulcre d'où sortait, autrefois, une voix si douce et si consolante : qu'elle peut donc être la cause de ce déplorable changement, de ce délaissement si préjudiciable au bien des âmes? cela vient, sans doute, de ce que beaucoup, ne le connaissant que de nom, ignorent sa sainteté et le lieu de sa sépulture; de ce que les autres, manquant de foi et de confiance, passent avec indifférence et peut-être aussi avec dédain, devant cette tombe en si grande vénération au moyen âge : les Bordelais fréquentaient avec empressement ce lieu devenu célèbre par de nombreux prodiges; ils s'y rendaient en foule pour invoquer leur saint archevêque, et lui faire le triste récit de leurs peines et de leurs souffrances comme ils le faisaient au temps de sa vie mortelle. Hé quoi? n'avons-nous donc pas les mêmes infirmités de l'âme et du corps? Assurément si, ce serait témérité de le nier; est-ce que la charité de Pey Berland et son crédit auprès de Dieu ne sont plus les mêmes? il n'est pas permis d'en douter : les variations et les inconstances n'existent pas dans le ciel : il est toujours bon, compatissant, charitable et disposé à nous écouter afin d'intercéder pour nous auprès de Jésus-Christ qu'il aima d'un amour si pur et si ardent lorsqu'il était sur la terre.

Nous ne pouvons plus, hélas ! nous agenouiller devant le gable de son tombeau, le couvrir de nos baisers et de nos larmes, comme le faisaient nos pieux ancêtres ! La statue de la sainte Vierge occupe tout l'espace, et empêche d'approcher du lieu où reposent ses saintes reliques ; mais si nous sommes privés de cette consolation, en donnant un libre cours à notre dévotion, nous en serons amplement dédommagés par la protection de la bonne Vierge Marie ; elle appuiera auprès de Dieu les demandes que son fidèle et bien-aimé Serviteur lui adressera pour nous : au lieu donc d'un protecteur, nous en aurons deux dans le ciel : Marie et Pey-Berland.

Lorsque les Égyptiens, pressés par la faim, se présentaient en foule devant leur roi Pharaon pour lui demander du pain, il ne leur répondait que par ces mots : allez à Joseph! *ite ad Joseph* (1) !

Hé bien ! vous tous, de quelque condition que vous soyez! grands ou petits, riches ou pauvres, savants ou ignorants, qui êtes dans l'indigence des biens du ciel, qui avez besoin du secours d'en haut et de grâces particulières pour raviver et fortifier vos âmes languissantes, et peut-être blessées mortellement par le péché, allez à Pierre Berland ! allez prier avec confiance à son tombeau. Dieu, par son intercession, exaucera vos vœux et vous comblera de ses abondantes et salutaires bénédictions. Vos cœurs, écrasés par le poids du malheur et de la souffrance, seront soulagés et fortifiés ; allez donc à Pey Berland, allez prier à son tombeau ! *ite ad Petrum Berlandi!* Grand saint, dites-lui, notre salut est dans vos mains, jettez sur nous un regard favorable et nous serons heureux; nous servirons avec joie le roi du ciel.

Salus nostra in manu tua est : respice nostautum, et lœti servieruus regi.

---

(1) *Clamavit populus ad regem alimenta petens quibus ille respondit ite ad Joseph!*
Le peuple cria vers le roi pour lui demander de la nourriture, il lui répondit : allez à Joseph!

CHAPITRE VII

Genre de culte qu'on peut rendre à Pey-Berland ; avantages que nous en retirerons.

Il ne nous est pas permis, sans doute, de célébrer par un culte public, et au nom de l'Église, la mémoire de Pey Berland, puisqu'il n'est pas encore juridiquement canonisé par le Saint-Siège ; mais chacun peut l'invoquer en son nom privé, faire des neuvaines au lieu de sa sépulture, l'orner de fleurs et y faire brûler des cierges en signe de vénération pour sa sainteté, ainsi que cela s'est pratiqué sans interruption, depuis le lendemain de son inhumation jusqu'à la révolution de quatre-vingt-treize qui porta le trouble et la désorganisation dans l'Église de France. Dieu, n'en doutez pas, agréera vos pieuses pratiques, et votre dévotion envers son serviteur : ayez foi et confiance, et il fera pour vous les mêmes prodiges qu'il opéra autrefois en faveur de vos aïeux ; il aime à glorifier après leur mort, par d'éclatants miracles, ceux qui l'ont aimé et servi de tout leur cœur, de toute leur âme et de toutes leurs forces, pendant leur vie. Il sortira encore, de son glorieux sépulcre, une vertu puissante pour vous convaincre de la sainteté du corps qu'il renferme et de la gloire dont son âme jouit dans le ciel ; que si à la mort de ce grand pontife, l'Église perdit un de ses plus saints et de ses plus savants évêques, le ciel compta un membre de plus parmi ses bienheureux habitants.

Oh ! que la pensée de la mort des justes est douce et consolante pour ceux qui souffrent ici-bas ! mais qui souffrent et qui travaillent uniquement pour la gloire de leur divin Maître ; elle les soutient dans leurs tribulations et leur fait espérer qu'un jour, eux aussi, ils seront admis dans la cité céleste pour contempler les ravissantes splendeurs de Dieu et chanter éternellement ses louanges en la compagnie de Marie, des anges et des saints.

CHAPITRE VIII

Les miracles opérés au tombeau de Pey Berland y attirent un grand concours de monde ; on fait des démarches en cour de Rome pour obtenir sa canonisation : les papes Pie II et Sixte IV s'occupent de cette cause ; Pie II charge les évêques de Périgueux et de Bazas de faire des informations ; Sixte IV, son successeur, prescrit aux évêques de Périgueux, de Sarlat et de Bazas de faire une nouvelle enquête; ces prélats interrogent un grand nombre de témoins ; ils consignent leurs dépositions dans des procès-verbaux.

Sur la fin du xve siècle, il y eut, au tombeau de Pey-Berland, un prodigieux concours de peuples, tant de Bordeaux que de toutes les parties de l'Aquitaine et des pays voisins : ils étaient attirés par le bruit des miracles que Dieu opérait en grand nombre, pour récompenser la foi de ceux qui y venaient prier et invoquer celui qu'ils avaient eu en si grande vénération, lorsqu'il était leur guide et leur consolateur.

Le Chapitre métropolitain, témoin de tant de merveilles et frappé de la dévotion toujours croissante des fidèles envers ce grand saint, fit, d'accord avec le peuple, les seigneurs du Bordelais et les principaux membres du clergé régulier et séculier, auxquels se joignit le roi de France Louis XI, d'actives démarches en cour de Rome pour obtenir sa canonisation.

Cette demande, appuyée par toutes les églises de la province, fut favorablement accueillie, et le Saint-Siège introduisit la cause de Pey Berland.

En conséquence, le pape Pie II, accédant à un désir si louable et appréciant, en outre, toute l'importance d'une demande dont les résultats devaient être si glorieux pour l'église de Bordeaux, commença en 1462 les premiers travaux de cette canonisation : il adressa une bulle aux évêques de Périgueux et de Bazas, leur prescrivant de faire, au nom du siège apostolique, les informations d'usage, sur la vie, les mœurs et les miracles de Pierre Berland, avec ordre de se conformer, pour l'interrogation des témoins, au questionnaire qu'il joignait à sa bulle. La mort de ce Pontife, arrivée en 1464, l'empêcha de mener à bonne fin sa pieuse et louable entreprise.

Sixte IV, sur les instances du clergé et de la noblesse de la province de Guyenne, et du roi Louis XI qui s'intéressait vivement à cette canonisation (1), entreprit à

---

(1) Louis XI, pour deux motifs, désirait ardemment la canonisation de Pierre Berland : premièrement, parce qu'il était naturellement religieux, quoique à sa manière, et très dévot à tous les saints, mais principalement à Notre-Dame d'Embrun dont il portait l'image à son chapeau ; en second lieu, il la voulait, pour des raisons purement politiques : la Guienne était depuis peu réunie à la couronne de France par suite de la bataille de Castillon (1453), après avoir été au pouvoir de l'Angleterre, l'espace de 299 ans, par le funeste mariage d'Eléonore de Guienne avec Henri II Plantagenet (1152).

Les Bordelais, mais surtout les nobles et les riches bourgeois, regrettaient la domination Anglaise comme plus douce que celle de la France, et en outre parce qu'ils trouvaient pour leurs vins un écoulement plus facile et plus lucratif en Angleterre qu'en France où les droits étaient plus élevés ; ils la regrettaient encore, pour des raisons d'agréments et d'intérêts privés.

son tour de poursuivre et de terminer cette importante affaire. Après avoir examiné, dans toute la rigueur des lois canoniques, la cause de notre saint Archevêque, il ordonna une nouvelle enquête sur sa vie et les miracles qu'il avait faits avant et après sa mort : il désigna à cet effet (1481) Raoul, évêque de Périgueux, Raymond du Treuil, évêque de Bazas, et Pierre de Roffignac, évêque de Sarlat. Ces prélats interrogèrent un très grand nombre de témoins qui avaient tous connu Pey Berland : ils consignèrent leurs dépositions dans des procès-verbaux.

Les princes anglais venaient souvent à Bordeaux dont le séjour leur plaisait beaucoup; ils s'installaient au château de l'Ombrière et donnaient des fêtes brillantes, dépensaient des sommes considérables; les gascons en profitaient, et riaient des Anglais tout en prenant leur argent : ils criaient vive l'Angleterre! et tout allait pour le mieux : tous étaient contents, Gascons et Anglais. Louis XI qui avait pour principe de faire l'inverse de ce qu'avait fait son père, rappela les seigneurs bannis et leur rendit leurs terres; pour achever de gagner les Bordelais, peuple frondeur, remuant et difficile à gouverner, il prit à tâche de faire canoniser leur saint Archevêque, qu'il avait lui-même en grande vénération; bien différent en cela, de Charles VII, qui l'avait fait persécuter par Coëtivi pour l'obliger à se démettre de son archevêché.

CHAPITRE IX

L'évêque de Bazas, un des commissaires du Saint-Siège, remet au chapitre métropolitain le dossier de l'enquête contenant les dépositions des témoins; on en fait prendre plusieurs copies, l'enquête est portée à Louis XI, puis à Rome. Innocent VIII, successeur de Sixte IV, prescrit, par un bref, aux évêques de Sarlat, de Bazas et Dax, d'interroger trois témoins sur chaque miracle de Pey Berland.

Les vénérables chanoines, mis solennellement en possession de ces pièces authentiques par l'évêque de Bazas, en firent prendre plusieurs copies, dont une pour l'église Saint-André. Le dossier de l'enquête, que les deux chanoines Arnaud Bonneau et Pierre Sirigay remirent à Louis XI au mois d'août 1467, fut porté à Rome, par ordre de ce prince, et remis au Pape Sixte IV le 27 juin 1475, par Louis d'Amboise, évêque d'Albi. Pour activer la canonisation de Pey Berland, le roi fit partir pour Rome le chanoine Sirigay. Il avait envoyé précédemment (1471) un héraut d'armes au Chapitre de Saint-André, pour avoir une copie de l'enquête et la liste des miracles. Le chanoine sacriste R. de Furnes fut chargé (16 janvier 1475) de lui porter l'une et l'autre, il reçut cent écus pour frais de voyage. On donna au héraut d'armes du prince un marc d'argent, à titre de gratification.

Lorsqu'on croyait être arrivé au terme de cette longue procédure de la canonisation de l'Archevêque de Bordeaux, qui durait depuis vingt-deux ans, elle fut subitement interrompue par la mort inopinée du pape, arrivée à la fin de l'année (1483). Les Bordelais, dont les regards étaient constamment tournés vers Rome, dans l'attente de l'heureux événement qui devait mettre le comble à leurs vœux les plus ardents, furent profondément affligés de cette perte; elle les privait d'un pontife sincèrement dévoué à la cause de leur archevêque. Les trois chanoines, privilégiés, Secréton, Fonbaude et des Périers, se trouvant alors à Rome, supplièrent humblement le successeur de Sixte IV de vouloir bien continuer l'œuvre de son prédécesseur.

Innocent VIII, connaissant déjà cette cause par les débats qui avaient eu lieu dans les consistoires précédents tenus à ce sujet, s'en occupa immédiatement après son avènement au trône pontifical; il donna successivement deux brefs pour la reprise de cette canonisation; le premier ayant disparu des archives secrètes des papes, nous ne connaissons pas les noms des commissaires chargés de faire des informations, mais nous savons, par le second, daté du quatre du mois d'août, près Saint-Pierre (1485), que ces délégués du Saint-Siège ne s'acquittèrent pas de leur mission d'une manière satisfaisante pour la Cour de Rome. C'est pourquoi

Innocent VIII, par son second bref, chargea les évêques de Bazas, de Sarlat et de Dax de faire une autre enquête plus selon la forme canonique que la précédente. C'est ce que l'on voit par la teneur de cet acte apostolique.

CHAPITRE X

Disparition de l'enquête des archives du Vatican.

Le dossier de l'enquête contenant les dépositions des témoins interrogés par les commissaires du Saint-Siège et remis par Louis d'Amboise au pape Sixte IV ayant disparu des archives du Vatican, il ne nous reste de cet important document que quelques fragments de la copie que le chapitre s'était réservée. Par un heureux hasard, ou, pour parler plus correctement, par un effet de la divine Providence qui voulait faire revivre la mémoire de Pey Berland, tombée depuis longtemps dans l'oubli, M. Emile Lalanne acheta, il y a environ une vingtaine d'années, chez un marchand de vieux livres, un manuscrit en parchemin, d'une quinzaine de feuilles, qui paraît être une transcription contemporaine de l'enquête originale, comme nous l'avons dit plus haut. Ayant eu à notre disposition ce précieux manuscrit, par l'obligeance de M. Lalanne, nous avons pu nous assurer, par nous-même, de son exacte reproduction, dans les archives historiques de la Gironde. Sauf quelques autres feuilles de la même époque et retrouvées depuis, ayant évidemment la même origine et insérées comme les précédentes dans les archives, tout le reste a disparu pendant les mauvais jours de la révolution de 93, époque néfaste et lamentable, où des hommes barbares et sanguinaires, ennemis de Dieu et de tout ce qu'il y avait d'honnête dans la société, portèrent la dévastation dans les églises et les couvents; renversèrent les autels, brisèrent les croix et les statues; profanèrent les sépultures et en arrachèrent les ossements pour les jeter à la voirie, ou les livrer aux flammes; ils pillèrent les bibliothèques et dispersèrent les archives gardiennes vigilantes des titres des familles et de précieux manuscrits historiques. Notre cathédrale eut particulièrement à souffrir de l'invasion de ces vandales du dix-huitième siècle, tout y fut saccagé; elle fut même, *horresco referens,* transformée en temple de la raison ! On vit avec indignation siéger en souveraine, sur le maître-autel, l'ignoble divinité de la République.

CHAPITRE XI

Recherches pour retrouver ce qui manque de l'enquête originale.

Nous avons fait, en vain, pour nous procurer ce qui nous manque du dossier de l'enquête, d'actives et consciencieuses recherches, aux archives départementales, de l'hôtel de ville, de l'archevêché; nous en avons fait faire à celle de la Seine et à l'ancienne bibliothèque royale à Paris, espérant y trouver la copie des procès-verbaux, ainsi que la liste des miracles qui furent portés à Louis XI (le 16 janvier 1475), par le chanoine Sacriste R. de Furnes *(Registres cap.)*, mais là encore, comme à Bordeaux, elles n'ont eu aucun bon résultat.

Nous avons écrit à Londres, au duc de Norfolk, et à Cheltenham, dans le duché de Glocester, à un ministre anglican Sir Philipp, possesseur d'une collection de vingt-huit mille manuscrits. Dans cette riche et monumentale bibliothèque, on voit un grand nombre de chartes concernant Bordeaux; mais rien, au sujet de la canonisation de Pey Berland, contrairement à ce que nous avait fait espérer un religieux bénédictin de Ligugé.

A Londres et à Cheltenham, nos lettres ont été accueillies avec une courtoisie parfaite et un grand empressement à nous servir et à nous répondre : merci donc, ici, de tout cœur ! au noble duc de Norfolk et au savant ministre Sir Philipp. *Ce bon accueil fait à nos lettres, en pays étrangers, contraste étrangement avec l'indifférence de la plupart des Bordelais, pour un saint, l'honneur de notre Aquitaine.*

Enfin, nous avons porté nos investigations jusques à Rome; nous avons fait fouiller dans les archives secrètes des papes, dites du Vatican : là, nos recherches n'ont pas été tout à fait infructueuses; nous avons trouvé deux bulles et deux brefs, au sujet de la canonisation de Pey Berland. Les deux bulles sont identiquement les mêmes; l'une est du dix des calendes d'avril 1462; l'autre, accompagnée d'un questionnaire, est du quatre des calendes de mai 1463 (1); elles sont adressées, comme nous l'avons dit plus haut, par Pie II, aux évêques de Périgueux et de Bazas; un des brefs fut envoyé par Sixte IV au roi de France Louis XI, le 26 du mois d'août de l'année 1472; l'autre fut adressée par Innocent VIII aux évêques de Bazas, de Sarlat et de Dax.

Nous publions, avec l'autorisation de Mgr l'archevêque de Bordeaux, tous ces documents, ainsi que les

---

(1) La première de ces bulles, des calendes d'avril 1462, n'étant pas parvenue à sa destination, le chapitre de Saint-André écrivit de nouveau à Rome. Le Souverain Pontife lui fit expédier la seconde accompagnée d'un questionnaire comme la précédente : c'est ce qui explique l'identité de ces deux bulles à une année de distance.

dépositions des témoins interrogés par les délégués du Saint-Siège : pour en faciliter l'intelligence à ceux de nos lecteurs qui ne sauraient pas le latin, ou qui l'auraient un peu oublié, nous mettons la traduction en regard du texte latin. On lira, nous n'en doutons pas, avec une vive satisfaction, ces intéressantes et instructives dépositions qui font si bien connaître, dans tous ses détails les plus minutieux, la vie privée, publique et administrative du bienheureux Pey Berland, et les beaux exemples de sainteté qu'il donna au monde pendant tout le cours de sa longue carrière, par la pratique constante des plus héroïques vertus : soit comme chanoine, soit comme curé de Bouillac(1), soit enfin comme archevêque.

Par la lecture de ces bulles et de ces brefs, on verra toute l'importance que les papes Pie II, Sixte IV et Innocent VIII attachaient à la canonisation de notre saint Archevêque; il n'a pas dépendu d'eux de la terminer; la mort les a empêchés de placer sur les autels ses saintes reliques, et de les exposer à la vénération des peuples.

---

(1) La cure de Bouillac était formée des trois villages de Bouillac, de Lormont et de Quinsac, comme le donne à entendre le passage du testament de Pey Berland, dans lequel il dit : « Je veux et ordonne, que si quelques-uns de mes anciens paroissiens de Bouillac, de Quinsac et de Lormont viennent, comme c'est l'usage, avec la croix et le drap d'or pour assister à mes funérailles, ils prennent un repas avec ceux qui font partie de ma maison. » Or, il est certain que Pey Berland n'a jamais eu d'autre titre de curé que celui de Bouillac.

BULLE DE PIE II

aux évêques de Périgueux et de Bazas (MCCCCLXII) (1)

Pius, etc., Venerabilibus Fratribus Petragoricen Vasaten. Episcopis, salutem et apostolicam benedictionem.

Ut corda fidelium in sui amore Rex cœlestis accendat et incredibiles convertat ad fidem Sanctos suos miraculis quotidie magnificat gloriosis devotiores enim fideles ipsi redduntur Altissimo dum vident electos eius post exitum huius vitæ felicem virtutibus corruscare. Cùm itaque sicut pro parte dilectorum filiorum Capituli ecclesie Burdegalensis nobis nuper oblata petitio continebat a quatuor annis cum dimidio citra Omnipotens Deus meritis bo : me : Petri Berlandi olim Archiepiscopi Burdegalensis tot et tanta miracula hostendere evidenter dignatus sit quod non solum in ecclesià et totâ diocesi Burdegalensi sed etiam per totum

Pie, etc., à nos vénérables Frères, les évêques de Périgueux et de Bazas, salut et bénédiction apostolique.

Afin de raviver dans le cœur de ses fidèles la flamme de son amour et de convertir les païens à la vraie foi, le roi des cieux glorifie chaque jour ses saints par d'éclatants miracles. En effet, les fidèles sentent croître leur dévotion à l'égard du Très-Haut, lorsqu'ils sont témoins de l'éclat que les vertus de ses saints projettent même après leur mort bienheureuse. C'est ainsi que, d'après le contenu même de la Pétition qui Nous a été récemment offerte de la part de nos chers fils, les membres du Chapitre de l'Eglise de Bordeaux, le Tout-Puissant a manifestement opéré depuis quatre ans et demi par les mérites de Pierre Berland de bonne

---

(1) Nous reproduisons, dans la publication des bulles et des brefs, l'orthographe des mots et la ponctuation, telles qu'elles sont dans les copies prises sur les originaux conservés aux archives du Vatican ; il en sera de même dans l'enquête. Nous laissons partout ce cachet caractéristique d'une époque de décadence et de basse latinité.

feré regnum Francie et potissime in Ducatu Aquitanie divinus cultus fama saluberrima eiusdem Archiepiscopi propalante incrementum susceperit, et tam carissimus in Christo filius noster Ludovicus Francorum Rex illustris quam alii Christi fideles illarum partium miracula ipsa intelligentes corpus eiusdem Archiepiscopi quod in eadem Burdegalensi ecclesiâ reconditum est, ferventissima devotione venerantur et ecclesiam ipsam assidua visitatione frequentant ac si ipse Archiepiscopus cathalogo sanctorum iam habeatur ascriptus quamobrem cum non deceat eum apud homines ignotum relinquere quem merita sanctum ostendunt et miracula volentes in certis festinos et lentos in dubiis inveniri predictorum Regis et Capituli in hac parte supplicationibus inclinati fraternitati vestræ de quâ gerimus in domino fiduciam pleniorem Auctoritate presentium committimus quatenus vos vel alter vestrum si adeo super hoc publica famâ in partibus illis invaluit quod de vita et miraculis Archiepiscopi memorati inquirendum videatur

mémoire, en son temps, archevêque de Bordeaux, de si nombreux et de si grands miracles que non seulement dans l'église et le diocèse tout entier de Bordeaux, mais encore par presque tout le royaume de France et principalement par tout le Duché d'Aquitaine, le culte divin, grâce à la diffusion de la renommée du même archevêque, en a reçu un réel accroissement.

Nous savons également que notre très cher Fils en J.-C. Louis, roi illustre des Francs, ainsi que les autres fidèles de ces contrées, convaincus de la réalité des susdits miracles, entourent de la dévotion la plus fervente le corps du même archevêque enseveli dans la cathédrale de Bordeaux et visitent assidûment l'église elle-même comme si Pierre Berland avait été déjà inscrit au catalogue des saints. En conséquence, attendu qu'il ne convient pas de laisser ignoré parmi les hommes celui dont la sainteté nous est révélée par de tels mérites et de tels miracles, voulant du reste procéder avec lenteur dans le doute, comme nous aimons à procéder promptement dans la

auctoritate nostra de virtute morum et virtute signorum ac operibus et miraculis secundùm interrogatoria, que vobis in bulla nostra introclusa mittimus diligenter inquiratis et quod super premissis inveneritis per vestras patentes literas vestris sigillis munitas nobis significetis et remittatis.

Datum Rome, apud Sanctum Petrum, anno incarnationis Dominice MCCCCLXII, decimo Kal. Aprilis, Pontificatus nostri Anno quinto.

X.
X.
S. de Spada. Jo. de Tartarinis.

certitude, acquiesçant aux supplications susmentionnées du roi et du chapitre à ce sujet, confions par l'autorité des Présentes à votre Fraternité en laquelle nous avons une entière confiance dans le Seigneur, la charge d'ouvrir par vous ou par quelqu'un des vôtres une enquête minutieuse, si du moins en vos contrées la renommée a répandu touchant la vie et les miracles du dit archevêque des bruits qui vous paraissent devoir être examinés à l'endroit de ses mœurs, de sa vie et de la valeur de ses miracles, conformément au questionnaire que vous trouverez inséré dans notre bulle. Quant aux résultats de vos recherches vous les consignerez dans vos lettres patentes que vous nous enverrez munies de vos sceaux.

Donné à Rome, près Saint-Pierre, l'an de l'Incarnation du Seigneur MCCCCLXII, le dix des Calendes d'avril, de notre Pontificat l'année cinquième.

X.
X.
S. de Spada. Jean des Tartarins.

Descriptum et recognitum ex originali regesto Pii Papæ Secundi. Bullar. Secretar. (vol. 508, pag. xxxviii; quod vol. asservatur in Tabular. Vaticani secretior).

In quor. fidem,

Dabam ex prof. Tabular. die 20 Aprilis 1880.

   Prof. D. Petrus Balan,
   Sub-archio S. Sedis.

Transcrit et vérifié conforme d'après le registre original des Bulles secrètes du pape Pie II (vol. 508, pag. xxxviii, lequel volume est conservé dans les Archives secrètes du Vatican).

En foi de quoi,

Donné par ordre du Préfet des Archives le 20 avril 1880.

   Prof. D. Pierre Balan,
   S. du Saint-Siège.

QUESTIONNAIRE DE PIE II

adressé aux évêques de Périgueux et de Bazas pour interroger les témoins (1463).

Tenor vero interrogatoriorum unde supra fit mentio sequitur et est talis.

Interrogatoria super quibus persone fide digne et omni exceptione maiores per vos auctoritate nostra recipi et examinari debent sunt infrascripti videlicet.

I. An quondam bone memorie Petrus Berlandi olim archiepiscopus Burdegalensis fuerit christianus fidelis catholicus irreprehensibilis vite verbo re et facto et an pro tali et ut talis fuerit habitus tentus nominatus et reputatus.

II. An ipse quondam Petrus Berlandi fuerit de legitimo matrimonio procreatus et pro tali et ut talis habitus tentus nominatus et reputatus.

III. An secundum ordinationes et instituta sancte matris Ecclesie baptizatus et confirmatus ac etiam tempore toto quo in humanis egit maxime honestatis extiterit.

IV. An laudabilis vite ac sanctitate et doctrina optimisque moribus pollens extiterit et pro

Voici la teneur des questions dont il est fait mention ci-dessus :

Interrogatoire qu'on doit faire subir en notre nom aux personnes dignes de foi et au témoignage irrécusable qui seront examinées au sujet de la canonisation.

1º Si Pierre Berland, de bonne mémoire, en son temps archevêque de Bordeaux, a été un bon chrétien et un catholique fidèle, irrépréhensible en sa vie, ses paroles, ses actes, et s'il a été tenu, désigné et réputé comme tel ?

2º Si le même Pierre Berland est né d'un légitime mariage, et s'il a été tenu, désigné et réputé comme tel ?

3º S'il a été baptisé et confirmé selon les règles et instituts de notre sainte mère l'Eglise, et si tout le temps qu'il a vécu, il a été d'une honnêteté parfaite ?

4º S'il a mené une vie louable, puissante en sainteté, en doctrine et en bonnes œuvres,

tali et ut talis habitus tentus nominatus et reputatus.

V. An assidue in orationibus erga Deum et sanctos eius vacaverit et sancte meditationis extiterit.

VI. An idem quondam Petrus fuerit virgo vel pro virgine seu saltem continente habitus tentus et reputatus.

VII. An ipse quondam Petrus dum vixit alia bona fecerit, et si sic, interrogentur que bona fecit, et si eius facultates in cibos pauperum Christi erogaverit.

VIII. An assiduis temporibus confiteretur sacerdoti, et cui sacerdoti et an sacramentum Eucaristie cum maxima devotione assumeret, ac missas et alia divina officia devotissime celebraret divinumque officium continuo diceret, et illud dicere nullatenus pretermitteret an continuo divinis officiis interesset.

IX. An infirmis et miserabilibus personis in eorum necessitatibus subveniret et alia opera misericordie exerceret.

X. Quas vestes sive quos pan-

et s'il a été tenu, désigné et réputé comme tel ?

5° S'il a vaqué assidûment à la prière à l'égard de Dieu et de ses saints, et s'il a été homme de sainte méditation ?

6° Si le même Pierre a été vierge, ou bien s'il a été considéré, tenu, réputé comme vierge, ou au moins comme gardant la continence ?

7° Si le même Pierre durant sa vie a fait encore d'autres bonnes œuvres, et s'il en est ainsi, qu'on demande quelles sont ces bonnes œuvres; s'il a distribué une partie de ses ressources en aumônes pour les pauvres du Christ ?

8° S'il se confessait assidûment à un prêtre, et à quel prêtre ? S'il recevait le sacrement de l'Eucharistie avec une dévotion parfaite, s'il célébrait la messe et les autres offices avec très grande piété, s'il récitait regulièrement l'office divin, s'il ne l'a jamais omis, et s'il assistait ponctuellement aux cérémonies saintes ?

9° S'il assistait les infirmes et d'autres personnes dignes de pitié dans leurs besoins, et s'il se livrait à d'autres œuvres de miséricorde ?

10. De quelle étoffe étaient les

nos induebat et qualiter, ac quibus pannis et vestibus inductus *(sic)* ibat.

XI. An esset nimium loquax vel parcus et rarus in loquendo, et an verba otiosa ex proposito unquam locutus fuerit.

XII. An in eius infirmitatibus et tribulationibus quas tempore eius vite passus fuit paciens fuerit, et illas libenti animo sustinuerit.

XIII. An importunos sustinuerit et iniuriantibus sibi iniurias remirerit et pepercerit.

XIV. An petentibus consilium et auxilium præberet.

XV. An unquam populo sibi commisso verbum Dei prædicaret vel saltem ad bene agendum et Dei præcepta servandum hortaretur eisque preciperel et mandaret et alia faceret que ad ipsum tanquam archiepiscopum et prelatum spectabant et pertinebant.

XVI. An unquam de aliqua re inhonesta turpi vel non permissa fuerit diffamatus.

XVII. An adversantes et invincem odiosos ac inimicos ad pacem et veram concordiam

habits qu'il portait, et avec quels vêtements il paraissait en public ?

11. S'il parlait trop, ou si au contraire il était réservé dans ses paroles, s'il a jamais dit de propos délibéré des paroles inutiles ?

12. S'il a été patient dans les infirmités et tribulations qu'il a eu à souffrir durant sa vie, et s'il les a supportées avec une sainte joie ?

13. S'il a supporté les importuns, remis et pardonné leurs injures à ceux qui l'avaient outragé ?

14. S'il donnait conseil et aide à ceux qui le lui demandaient ?

15. S'il prêchait à son peuple la parole de Dieu, ou au moins s'il les exhortait à bien faire, à garder les divins préceptes.

S'il leur donnait des ordres, des avis, en un mot, s'il remplissait tous les devoirs qui incombent en ce point à un archevêque ?

16. S'il a été jamais diffamé à propos de quelque chose déshonnête ou non permise ?

17. S'il a ramené ou au moins cherché à ramener les adversaires, ceux qui avaient de la

reduxerit vel saltem reducere quesiverit.

XVIII. An idem Petrus toto tempore quo in humanis egit et usque ad eius obitum virtuose et laudabiliter et absque fama alicuius note sive macule vixerit et vitam laudabilem duxerit.

XIX. An tempore eius obitus fuerit pro optimo aut bono viro habitus tentus nominatus et reputatus.

XX. An ante eius obitum aut post idem Petrus fuerit de aliquo crimine vel vicio aut aliquibus operibus diffamatus et si sic interrogentur de quo sive quibus et a quibus ubi quotiens et quando.

XXI. An idem Petrus archiepiscopus tempore quo vivebat signa miraculosa fecerit, et si sic interrogentur que et quibus personis illa signa suis promerentibus meritis Deus ostenderit.

XXII. An post eius obitum idem Petrus archiepiscopus aliqua miracula aut signa miraculosa fecerit aut potius omnipotens Deus in personas dicto Petro archiepiscopo devote se commendantes miracula et res miraculosas operatus est, et a quanto tempore citra et si sic

rancune ou de la haine, à la paix et à la vraie concorde?

18. Si le même Pierre, tout le temps qu'il a vécu et jusques à sa mort, a vécu vertueusement, d'une manière digne d'éloges, sans aucune tache ou faute à lui imputée?

19. Si, au temps de sa mort, il a été tenu désigné et réputé comme un homme excellent ou bon?

20. Si, avant ou après sa mort, le même Pierre a été diffamé pour quelque crime, vice ou autres méfaits, et dans le cas de l'affirmative, qu'on détermine de quel crime ou de quels crimes, par qui, combien de fois et quand il a été accusé?

21 Si le même Pierre a fait de son vivant des miracles, et dans le cas de l'affirmative lesquels et en faveur de quelles personnes?

22. Si, après sa mort, le même Pierre a fait quelques miracles ou quelques signes miraculeux, ou plutôt si le Dieu tout-puissant a opéré en faveur de personnes qui s'étaient recommandées à Pierre des miracles ou des choses miraculeuses, et si oui, qu'on inter-

interrogentur de miraculis et miraculosis rebus.

XXIII. An idem Petrus archiepiscopus post eius obitum continuo et ab omnibus præsertim civibus Burdigalensibus et aliis districtualibus et convicinis eiusdem pro optimo et bono viro ac laudabilis vite habitus tentus nominatus et reputatus fuerit.

XXIV. An idem Petrus archiepiscopus a quatuor annis proxime elapsis pro sancto vel pro beato habitus tentus nominatus et reputatus fuerit.

XXV. An ab aliquo tempore citra et præsertim a dictis quatuor annis proxime elapsis, quam plurime et innumerabiles persone ad locum ubi et in quo idem archiepiscopus sepultus est tanquam ad sanctum et in altissimi gratia existentem pro obtinendis gratiis iverint et continuè vadant et ad eum tanquam ad sanctum vel beatum preces porrecte et orationes dicte fuerint et hodie porrigantur et dicantur et alia signa extrinseca facta fuerint et fiant, que veris et indubitatis sanctis facere licet et est permissum.

Descriptum et recognitum ex

roge sur ces choses miraculeuses.

23. Si le même archevêque Pierre après sa mort a été immédiatement tenu, désigné et réputé principalement par tous les citoyens de la ville de Bordeaux et par les habitants des régions limitrophes comme un homme excellent et de vie louable?

24. Si le même Pierre a été tenu, désigné et réputé pour saint ou comme bienheureux depuis les quatre années qui viennent de s'écouler?

25. Si depuis un certain temps et notamment depuis les quatre années qui viennent de s'écouler, de nombreuses et innombrables personnes sont venues et viennent sans cesse dans le lieu où ledit archevêque a été enseveli, comme on va auprès d'un saint et d'un homme placé dans la grace du Très-Haut; si on lui a adressé et si on lui adresse encore comme à un saint ou comme à un bienheureux des prières et des supplications, et s'il s'est produit, ou s'il se produit encore, des signes extrinsèques tels que ceux dont il est permis d'honorer les vrais saints?

Transcrit et vérifié conforme

originali regesto Pii Papæ Secundi Bullar. secret. (vol. 509, pag. 244 et seq.; quod.vol. asservatur in Tabular. secretior Vaticani).

In quor. fidem,

Dabam ex Præf. Tabular. die 20 aprilis 1880.

Prof. D. Petrus BALAN,
Subarchio S. Sedis.

d'après le registre original du Bullaire secret du pape Pie II (vol. 509, p. 244 et suiv.; lequel volume est conservé dans les Archives secrètes du Vatican).

En foi de quoi,

Donné par ordre du Préfet des Archives, le 20 avril 1880.

Prof. D. Pierre BALAN,
Sous-Archiviste du Saint-Siège.

BREF DU PAPE SIXTE IV

à *Louis XI, roi de France* (1472).

RIFUS.

Carrissimo in Christo filio nostro Ludovico Francorum regi christianissimo.

Carissime in Christo fili noster salutem, etc.,

Petiit a nobis tua Serenitas ut bone memorie Petrum Berlandi *(sic)* olim Burdegallensem Archiepiscopum canonizare, et in sanctorum numero referre velimus. Nos autem nihil adhuc de meritis ac miraculis eiusdem, quod autenticum sit, ut requiritur, habuimus. Canonizatio vero cuiusque de rebus maximis est, quœ ab Apostolicâ Sede fiant. Ad quam Romani Pontifices, nisi iterato, multa autentica habuerint testimania, procedere non solent. Curet igitur celsitudo tua ut talia testimonia habeamus, quibus meritò ad canonizationem procedere, et tibi in hoc gratificari domino *(sic)*.

A notre très cher Fils en J.-C., Louis, roi très chrétien des Francs.

Très cher Fils en Jésus-Christ, salut, etc.

Votre Sérénité nous a prié de vouloir bien canoniser et mettre au nombre des saints Pierre Berland de bonne mémoire en son temps archevêque de Bordeaux. Mais, jusqu'à ce jour nous n'avons reçu aucune relation authentique, ainsi qu'il est requis cependant, touchant les mérites de ce personnage et les miracles qui lui sont attribués. Or, une canonisation est une des affaires les plus importantes qu'ait à régler le Siège apostolique, et les Pontifes romains n'ont l'habitude d'en entreprendre aucune qu'autant qu'ils ont été mis en possession, à plusieurs reprises, de témoignages nombreux et authentiques. Que Votre Majesté fasse donc en sorte qu'on nous envoye des témoignages tels qu'il nous soit possible de procéder avec fondement à la dite canonisation

Dat. Romæ, apud Sanctum Petrum, sub annulo piscatoris, die XXVI. Augusti, 1472, anno 2°.

Descriptum et recognitum ex originali regesto Brevium Sixti Papæ Quarti (vol. I, pag. 364 quod vol. asservatur in secretior. Tabular. Vaticani).

In quor. fidem,
Dabam ex pref. Tabular. die 20 Aprilis 1880.

Prof. D. Petrus BALAN,
Subarchio S. Sedis.

et par là de nous rendre agréable à Votre Seigneurie.

Donné à Rome, près Saint-Pierre, sous l'anneau du pêcheur, le vingt-sixième jour d'août 1472, de notre pontificat l'année deuxième.

Transcrit et vérifié conforme d'après le registre original des Brefs du Pape Sixte IV (vol. I, p. 364 ; lequel volume est conservé dans le Dépôt secret des Archives du Vatican).

En foi de quoi :

Donné par ordre du Préfet des Archives, le 20 avril 1880.

Prof. D. Pierre BALAN,
Sous-archiviste du Saint-Siége.

BREF D'INNOCENT VIII

aux évêques de Bazas, de Sarlat et de Dax, le 4 août, près Saint-Pierre, 1485

Vasaten, Sarlaten. et Aquen. episcopis et cuilibet ipsorum,

Venerabiles Fratres, salutem, etc.

Licet ex processibus super fienda canonizatione bo : me : P. Berlandi olim Burdegallensis Archiepiscopi constet singulos testes sufficienter et plenè de illius optimâ et sanctâ vitâ deposuisse; tamen commissarii alias ad inquisitionem desuper agendam deputati per inadvertentiam dùm miracula multa accumulare quæsiverunt, plures testes, sicut fieri debuit super unoquoque miraculo examinare minimè curarunt : et cum durantibus hiis Feriis etiamsi testes plures examinati fuissent in negocio canonizationis hujusmodi procedi non possit; Nos volentes in re tam gravi iuxtà formam canonicam procedere, Fraternitati vestræ ac vestrum cuilibet, de quorum probitate ac prudentiâ specialem in Domino fiduciam obtinemus de consilio et assensu Venerabilium Fra-

Aux évêques de Bazas, de Sarlat, de Dax, et à chacun d'eux en particulier,

Vénérables Frères, salut, etc.

Bien qu'il soit constant, d'après les procès-verbaux relatifs à la canonisation de Pierre Berland de bonne mémoire, en son temps, archevêque de Bordeaux, que chacun des témoins a suffisamment et pleinement déposé touchant l'excellence et la sainteté de sa vie, toutefois, les commissaires par Nous délégués pour mener l'enquête à ce sujet, préoccupés qu'ils étaient d'accumuler dans leurs rapports de nombreux miracles, ont absolument négligé par inadvertance d'examiner plusieurs témoins sur chaque miracle, ainsi qu'ils auraient dû le faire; et attendu que durant ces féries, lors même que plusieurs témoins auraient été examinés, on ne peut procéder à l'affaire de cette canonisation; voulant, dans une chose si grave, respecter la forme canonique,

trum nostrorum S. R. E. Cardinalium, ac deliberatione in Consistorio cum eis facta committimus per præsentes et mandamus, ut super dictis vel aliis miraculis ac eorum quolibet testes examinetis, ut contestes super illis inveniantur, Nosque tandem ad canonizationem ipsam, sicut optamus, Deo annuente procedere valeamus.

Nous confions par les présentes à votre Fraternité et à chacun de Vous, de la probité et de la prudence desquels Nous avons une pleine assurance dans le Seigneur, de l'avis et de l'assentiment de nos vénérables Frères les Cardinaux de la Sainte Église Romaine, après en avoir délibéré avec eux en Consistoire, le mandat d'examiner les témoins sur les susdits miracles, sur d'autres, s'il y a lieu, ainsi que sur chacun d'eux en particulier, en sorte que leur témoignage concorde à l'endroit de chacun de ces faits, et que Nous puissions Nous-même, comme nous le désirons, avec la grâce de Dieu, procéder à la canonisation elle-même.

Dat. Romæ apud S. Petrum, etc., die IIII, augusti 1485, Anno primo.

Donné à Rome, près de saint Pierre, etc., le quatrième jour d'août 1485, de Notre Pontificat l'année première.

Descriptum et recognitum ex origin. regesto Brevium Innocentii Papæ Octavi (vol. I, pag. 244 et seq. quod vol. asservatur in secretior. Tabular. Vaticani).

Transcrit et vérifié conforme d'après le registre original des Brefs du Pape Innocent VIII (vol. I, p. 244 et suiv.; lequel volume est conservé dans le Dépôt secret des Archives du Vatican).

In quor. fidem,	En foi de quoi,
Dabam ex præcep. Tabular. die 20 aprilis 1880.	Donné par ordre du Préfet des Archives, le 20 avril 1880.
Prof. D. Petrus BALAN, *Sub-archio S. Sedis.*	Prof. D. Pierre BALAN. *Sous-archiviste du Saint-Siège*

FRAGMENTS DE L'ENQUÊTE

faite d'après le Questionnaire envoyé le dix des calendes d'avril 1462, par le pape Pie II, aux évêques de Périgueux et de Bazas, pour la béatification de Pierre Berland, archevêque de Bordeaux (1430-1456).

Nous les reproduisons tels et dans le même ordre qu'ils ont été publiés dans les *Archives historiques de la Gironde :* nous nous bornons à y ajouter la traduction en regard du texte dont nous maintenons scrupuleusement l'ancienne ortographe.

Registre en parchemin de douze feuillets entiers non chiffrés et de deux autres feuillets lacérés, qui ont servi de couverture, et sur lesquels on lit : *Verteuil* (1); c'est une inquisition sur la sainte vie de *P. Bréland.* Nous avons eu à notre disposition ces précieux documents par l'obligeance de M. Emile Lalanne qui en est le possesseur.

Ce manuscrit paraît être une transcription contemporaine de l'enquête originale; la même main a transcrit cinq interrogatoires faits par divers commissaires; les témoins étaient interrogés sur une série de vingt-cinq questions.

Nous avons les réponses d'un témoin aux vingt et une dernières questions; d'un deuxième témoin, Léonard de Seiguonie, curé de Quinsac, aux quinze premières ques-

---

(1) A l'époque de l'enquête l'abbaye de Verteuil était possédée par un haut dignitaire du Chapitre de Saint-André.

tions; d'un troisième témoin à huit questions; d'un quatrième à deux questions et d'un cinquième à sept questions.

On y remarque : article II, que Pierre Berland était fils unique ; article VI, qu'il était de mœurs tellement austères qu'il ne permettait à aucune femme, fût-elle encore plus noble, d'entrer dans sa chambre ; il ne parlait jamais aux femmes qu'en public ; article VII, sa charité s'exerça surtout en 1436 et 1437, par suite de la famine causée, principalement en Médoc, par le capitaine Rodrigues de Villandrando ; article XII, sa résignation et sa piété se firent remarquer le jour où les Bordelais étant sortis contre le sire d'Orval, il en fut tant tué que cette bataille fut appelée : *la male journade;* article XVII, il servit de médiateur dans la querelle entre la commune de Bordeaux et le captal de Buch.

Nous avons également neuf réponses d'un sixième témoin aux vingt-cinq questions qui lui furent adressées, deux de ses réponses révèlent des circonstances curieuses. La dixième donnant la nomenclature des vêtements dont le saint archevêque couvrait un corps qui n'avait que la peau et les os, et la treizième racontant que Pey Berland ayant fait un pèlerinage à Notre-Dame de Mimizan (1) et ayant demandé un peu de vin, son hôte lui avait fait payer dix francs Bordelais. Quelque

---

(1) Mimizan, lieu de pèlerinage, dans l'arrondissement de Mont-de-Marsan, dépendait autrefois du diocèse de Bordeaux ; aujourd'hui il fait partie de celui d'Aire.

temps après, cet hôte, ayant frappé un ecclésiastique, fut obligé de demander l'absolution à l'archevêque qui, l'ayant reconnu, au lieu de lui faire restituer les dix francs, comme on le lui conseillait, se contenta de lui dire en souriant : « Mon ami, quand vous reviendrez à Bordeaux, portez-moi un brochet (1). »

ANQUÊTE

....

Super quinto interrogatorio dictorum interrogatoriorum, interrogatus dictus testis loquens an assiduè in orationibus erga Deum et sanctos ejus vacaverit et sancte meditationis extiterit; respondit quod sic. Interrogatus quomodo sciebat, respondit quia vidit quod valde devotus erat et assiduus in orationibus, vacando in divinis laudibus, in choro, sepiissime et quasi continue in matutinis missis et officiis, et in magnis festivitatibus. Assistebat officiando in suâ ecclesiâ metropolitanâ Burdegalensi, et cothidie missam suam devote celebrabat in capellâ suâ archiepiscopali; horas suas devotè et spaciosè dicebat et certis horis in aliis privatis ora-

....

A la cinquième des questions posées, le témoin, interrogé si Pierre Berland était assidu à prier Dieu et les saints, et de même, s'il était fidèle à l'exercice de la sainte méditation, répondit qu'il en était ainsi. On lui demanda comment il le savait : il répondit qu'il avait vu le saint évêque bien dévot et assidu à la prière, s'appliquant à louer Dieu. Très souvent et presque toujours, il assistait au chœur aux matines, à la messe et aux offices. Il officiait pontificalement, les jours de grandes fêtes dans son église métropolitaine de Bordeaux, et chaque jour il disait dévotement la messe dans sa chapelle archiépiscopale. Il récitait dévote-

---

(1) *Archives historiques de la Gironde.*

tionibus persistebat, genibus flexis et manibus junctis; vix reperiebatur nisi in oratione et studio; ac libros sacros revolvendo, ac meditando in vita sanctorum et in aliis devotis meditacionibus.

Super sexto interrogatorio dictorum interrogatoriorum, interrogatus dictus testis loquens an idem quondam dominus Petrus fuerit Virgo vel pro virgine seu saltem continente habitus, tentus et reputatus, respondit idem testis loquens quod nunquam fuit auditum sinistrum de eo, nec de illo peccato carnis fuit notatus aut diffamatus, nec tempore juventutis sue nec alias, nec familiaritatem nec colloquium suspectum, secretum nec publicum, cum aliquâ muliere habuit de quâ potuerit notari de infamiâ, nec macula carnis, nec idem testis unquam aliquod sinistrum de eo vidit nec audivit; nec unquam permisit quod aliqua mulier cameram suam intraret, sed extra cameram suam exibat ad dandam audienciam; ymo continuè

ment et posément ses heures; de plus, à des moments déterminés, il faisait en particulier de longues prières, à genoux, les mains jointes. Lorsqu'on le cherchait, on le trouvait presque toujours occupé à la prière ou à l'étude, lisant la sainte Ecriture, méditant sur la vie des saints ou sur d'autres sujets de dévotion.

A la sixième question qui était si ledit seigneur Pierre était vierge, si on le tenait pour tel ou du moins comme gardant la continence, le témoin répondit qu'on n'avait jamais entendu parler de lui d'une manière défavorable, que jamais sa réputation n'avait eu à souffrir d'une faute charnelle soit au temps de sa jeunesse, soit plus tard. On ne put jamais reprocher au saint Archevêque, une familiarité, un colloque suspect, en secret ou en public, avec quelque femme, rien enfin qui pût nuire le moins du monde à la bonne opinion qu'on avait de lui sur ce point. Jamais, dit le témoin, je n'ai remarqué en lui, jamais je n'en ai entendu dire quelque chose de suspect. Il ne permettait point aux femmes l'accès de sa chambre, mais

fuit notatus de castitate et continenciâ quandiu in humanis vixit.

Super septimo interrogatorio..... an ipse quondam dictus Petrus alia bona ficerit, respondit quod multa bona faciebat. Interrogatus que bona faciebat ; dixit quod qualibet septimana, existente ipso in archiepiscopalis dignitate, dabat helemosinario suo, domino Petro de Mazeriis presbytero familiari suo, ad distribuendum pauperibus infirmis existentibus in hospitalibus vel suis domibus in civitate burdegalensi, videlicet tres francos regulariter monete currentis Burdegale, preter alias helemosinas particulares quas faciebat. Item religiosis Predicatoribus, Minoribus, Augustinensibus et Carmelitis Burdegale, regulariter quolibet anno tradebat cuilibet conventui duas pipas vini et sex boyssellos bladi; aliquando plus secundum necessitatem et exigenciam temporis. Item, duobus monasteriis religiosarum videlicet Minorissarum et Augustinarum similem he-

lui-même en sortait pour donner audience. Enfin il fut toujours cité comme un modèle de chasteté et de continence tant qu'il vécut parmi les hommes.

A la septième question..... si le dit Pierre faisait d'autres bonnes œuvres, le témoin répondit qu'il en faisait beaucoup. On lui demanda alors quelles étaient ces bonnes œuvres, et voici ce qu'il répondit : Chaque semaine, pendant tout le temps qu'il fut archevêque, il donnait à son aumônier, maître Pierre de Mazères, prêtre de sa maison, trois francs de la monnaie ayant cours à Bordeaux, pour les malades, soit qu'ils fussent dans les hôpitaux, soit qu'ils fussent chez eux dans la ville, indépendemment des autres aumônes particulières qu'il faisait. Chaque couvent de Bordeaux appartenant aux Dominicains, aux Franciscains, aux Augustins ou aux Carmes recevaient régulièrement de l'Archevêque, chaque année, deux pipes de vin et six boisseaux de blé, aumône qui devenait plus considérable encore lorsque la difficulté des temps l'exigeait. Il en était de

lemosinam faciebat, Cotidiè in domo propria reficiebat sex vel septem pauperes Kristi, vel plures, et post refectionem cuilibet pauperi de suâ propriâ manu dabat unum arditum dicte monete. In die verò Jovis sancta habebat tresdecim pauperes Kristi quibus pedes lavabat, et refectionem dabat et ipsos de novo induebat, singulis annis, quandiù archiepiscopus extitit. Insuper ultra permissa omnibus pauperibus, viduis, orphanis et maritandis virginibus pauperibus, et clericis ad studium euntibus pauperibus, magnas et largas helemosinas singulis annis faciebat. Nemo vacuus â suâ facie recedebat. Preterea anno tricesimo sexto et septimo fuit magna caristia et devastatio in patria et diocesi Burdegalensi per gentes armorum et specialiter per quemdam cappitaneum vocatum Rodericum de Vinhandrando cum magno et feroci exercitu qui applicuit ad partes Burdegalenses quas crudeliter devastavit, et specialiter terram de Esparra et patriam de medulco, sic et taliter quod gentes peribant fame et venerunt in tanta multitudine ad civitatem Burdega-

même pour deux couvents de femmes, l'un de Franciscaines, l'autre d'Augustines. Chaque jour, dans sa propre maison, il donnait à manger à six ou sept pauvres de Jésus-Christ, quelquefois à un plus grand nombre ; puis, le repas fini, chaque pauvre recevait de la main même de l'Archevêque une pièce de monnaie courante. De plus, chaque année, le Jeudi-Saint, pendant tout le cours de son épiscopat, il lava les pieds à treize pauvres de Jésus-Christ, les nourrit et les habilla de neuf. Enfin, avec une véritable prodigalité, il faisait tous les ans d'abondantes aumônes aux veuves, aux orphelins; il dotait les filles pauvres, secourait pendant leurs études les clercs peu fortunés; en un mot, sa charité s'étendait à tous les besoins et personne ne s'adressait à lui inutilement.

En 1436 et 1437, une grande disette se fit sentir dans le diocèse de Bordeaux, mais principalement en Médoc, suite des dévastations faites par les gens de guerre, et spécialement par un capitaine nommé Rodrigues de Vinhandrand qui, suivi de soldats nombreux

lensem et specialiter ad predictum dominum Petrum Berlandi, tam parentes quam amici noti et omnes de patria illa quibus ipse compaciens paupertatibus et miseriis ipsorum volens subvenire, blada, vina, aurum et argentum que habebat eisdem distribuit dando et distribuendo; et post distribucionem bonorum suorum, emit tres currus seu cadrigas milii dando per quater cadriga seu curru triginta sex francos dicte monete Burdegalensis ad distribuendum eisdem pauperibus indigentibus et miserabilibus supradictis personis; et quàm multa alia bona secrete et publice quod longum enarrare esset fecit cothidie quandiu vixit in humanis.

et intraitables, envahit le Bordelais et le dévasta cruellement, surtout les terres de Lesparre et la partie du Médoc sa patrie. La misère fut si grande, que les gens mouraient de faim, et qu'un nombre considérable de personnes se réfugièrent à Bordeaux, surtout auprès du dit Seigneur Pierre Berland, parents, amis, connaissances ou même inconnus, habitants des pays ravagés. Emu de compassion à la vue de leur pauvreté et de leur misère, il voulut les secourir, et leur fit distribuer en les partageant, tout le blé, le vin, l'or et l'argent qu'il avait. Après avoir distribué ses biens propres, il acheta trois chariots de millet, donnant pour chaque chariot trente-six francs de monnaie courante Bordelaise, et il distribua tout aux pauvres indigents, et aux personnes plongées dans la misère dont nous avons parlé.

Que d'autres bonnes œuvres il fit encore, soit en secret soit en public, pendant sa vie! mais il serait trop long de les raconter!

Super octavo..... an assiduis temporibus confiteretur sacerdoti, respondit testis loquens

La huitième question posée fut celle-ci : Le saint évêque se confessait-il régulièrement?

quod sic omni die. Interrogatus cui sacerdoti; dixit quod sacerdoti majestatis sancti Andree Burdegale. Interrogatus quomodo vocabatur; dixit quod unus cui confessus fuit diu vocabatur dominus Guitardus Maurini, postea successit sibi dominus Pedrus Ruffi, mortuo illo cui etiam confitebatur omni die, et quando ibat per diocesim Henrico Veyrerii. *Item*, interrogatus dictus testis loquens an cum magna devotione sacramentum Eucaristie assumeret et ac missas et alia divina officia devotissime celebraret, divinumque officium continue diceret et illud dicere nullatenus prœtermitteret et an continue divino officio interesset; respondit testis loquens quod omni die, ut predixit et deposuit, missam suam devote celebrabat, officiumque divinum continue dicebat et nullo modo pretermittebat, et continue dum sanus erat in matutinis in choro intererat; et ibidem tacite primam dicebat. Deinde missam suam ibat celebratum ad capellam suam; qua celebrata dicebat terciam, sextam et nonam et post dabat audienciam.

Le témoin répondit : Oui, tous les jours. Il s'adressait pour recevoir le sacrement de Pénitence à un prêtre de la majestat de Saint-André de Bordeaux. Son confesseur fut longtemps le sieur Guitard Maurin ; ce prêtre étant mort, Pierre Ruffe lui succéda dans son ministère auprès de l'archevêque qui continua à se confesser tous les jours. Pendant ses visites pastorales le saint s'adressait à Henri de Veyrier. — Mais, demanda-t-on, le seigneur Pierre Berland recevait-il avec grande dévotion le sacrement de l'Eucharistie ? Célébrait-il la sainte messe et les autres divins offices avec beaucoup de piété ? Disait-il ses heures avec la régularité voulue ? ne les omettait-il jamais ? ne s'absentait-il pas du chœur ? A toutes ces questions le témoin répondit : Ainsi que je l'ai déjà affirmé et attesté, l'archevêque disait sa messe dévotement, récitait l'office avec régularité, ne l'omettait jamais, et assistait régulièrement aux matines, au chœur, tant qu'il fut en bonne santé. C'est au chœur aussi qu'il disait Prime à voix basse, avant d'aller célébrer le saint Sacrifice à sa

Interrogatus quomodo scit premissa per eum superius deposita; dixit quia pluries vidit, audivit et presens fuit in omnibus premissis et supradictis per eum depositis.

Super nono... an infirmis et miserabilibus personnis in eorum necessitatibus subveniret, respondit quod omni die vel saltem omni septimana hospitalia et pauperes faciebat visitari et elemosinas elargiri; et quoddam hospitale extra muros civitatis burdegalensis prope Sanctum severinum vulgariter nuncupatum sancti Petri apostoli construxit et fundavit super letilibus et aliis necessariis reditibus dotavit; in quo quidem hospitali recolliguntur pauperes Kristi undecim quo veniant; et alia opera misericordie adimplebat; Canonicos et alios Ecclesiasticos viros in infirmitatibus visitabat personnaliter et consolabatur eos.

chapelle. La messe dite il récitait Tierce, Sexte et None, puis donnait audience.

Comment savez-vous cela ? demanda-t-on de nouveau au témoin. — J'ai entendu raconter, ou bien j'ai vu par moi-même tout ce qui est contenu dans ma déposition.

A la neuvième question : si le saint secourait dans leur nécessité les malades et les pauvres ? le témoin répondit que chaque jour, ou du moins chaque semaine, il faisait visiter les hôpitaux et les pauvres et leur faisait distribuer des aumônes. De plus il fit bâtir hors des murs de la ville de Bordeaux, près de l'église Saint-Seurin, un hôpital vulgairement appelé « de Saint-Pierre apôtre. » Cette maison fut pourvue par l'archevêque de tout le mobilier et de tout les revenus nécessaires, et on y recueille les pauvres de Jésus-Christ, de quelque lieu qu'ils viennent. Pierre Berland faisait encore d'autres œuvres de miséricorde; c'est ainsi qu'il allait en personne visiter et consoler dans leurs souffrances les chanoines ou les autres ecclésiastiques.

Super decimo..... quas vestes sive quos pannos induebat: respondit quod desuper induebatur modo pontificali, bene et honeste vestibus coloratis, intrinsecùs vero ut supra deposuit, continue portabat cilicium supra carnem et super cilicium camisiam lineam, ut dictum cilicium tegeret : alias vestes deferebat condecentes pontificali dignitatique tamen de pompa notari non poterant.

Super undecimo..... an esset nimium loquax vel parcus et rarus in loquendo; respondit quod loquebatur exortando sepe et sepiissime familiares suos et alios subditos corrigendo et monendo loco et tempore opportunis : in mensa vitabat verba ottiosa, lectionem sacre scripture audiendo declarando et interpretando. *Item*, interrogatus dictus testis loquens an verba otiosa ex proposito unquam loquutus fuerat; respondit quod non audivit ipsum loquentem talia, verba ociosa nec volebat audire, ymo silencium in mensa observabat et observari faciebat suis servitoribus nisi extranei essent.

La dixième question portait sur la manière dont s'habillait l'archevêque. Le témoin répondit que les habits de dessus étaient de couleur et d'étoffe décentes et convenable pour un évêque; mais le saint portait immédiatement sur sa chair un cilice et sur celui-ci, pour le cacher, une chemise de lin : ses autres vêtements étaient toujours ceux qui convenaient à la dignité pontificale, mais il n'y avait jamais de luxe dans sa façon de s'habiller.

En onzième lieu, on demandait si le seigneur Pierre Berland était trop bavard, ou si au contraire il parlait rarement et avec modération. Le témoin répondit que le saint parlait surtout, pour exhorter souvent, très souvent, les gens de sa maison, et ceux qui lui étaient soumis, les reprenant et les avertissant en temps et lieu. A table il évitait les paroles inutiles, mais il écoutait lire la sainte Écriture qu'il expliquait et interprétait ensuite. — On demanda au témoin : Ne l'avez-vous donc jamais entendu parler inutilement de propos délibéré ? Jamais, répondit-il; non seulement le seigneur Pierre ne disait point

Super duodecimo..... an in ejus infirmitatibus et tribulationibus quas tempore ejus vite passus fuit paciens fuerit et illas libenti animo sustinuerit; respondit quod valde pacienter infirmitates et tribulationes suas sustinebat absque murmure et impatientia, gracias Deo semper referendo. Interrogatus dictus testis loquens quomodo scit; respondit quod in suis infirmitalibus assistebat et die noctuque, et vidit quod semel fuit valde infirmus et per octo dies quasi absque loquela stetit et ab omnibus judicabatur mortuus, sed postea revixit spiritus ejus et gracias Deo egit.

Super decimo tertio..... an importunos sustinuerit et injuriantibus sibi injurias remiserit et pepercerit; respondit testis loquens quod injurias sibi illatas vocales et reales leniter remittebat nec de hiis recorda-

de paroles inutiles, mais il ne voulait même pas en entendre. Bien plus il gardait le silence à table, et le faisait garder à ses serviteurs à moins qu'il y eut des étrangers.

Sur la douzième question qui était si le saint avait supporté avec patience les maladies et les peines de la vie, le témoin répondit que la patience du seigneur Pierre dans la maladie ou les tribulations était très grande. Il supportait tout sans murmurer : loin de là, il rendait à Dieu de continuelles actions de grâce. De nouveau on demanda au témoin comment il savait ces choses : « Je les sais, répondit-il, parce que dans ses maladies j'assistais le saint archevêque et le jour et la nuit. Or il fut si malade à une époque que, durant huit jours, il demeura sans parole et que tous le croyaient mort. Il revint cependant à lui, et son premier soin fut alors de rendre grâces à Dieu.

A la treizième question « si le saint archevêque supportait les importuns, et s'il savait remettre et pardonner lorsqu'on lui faisait injure, » le témoin répondit que soient paroles injurieuses soient in-

batur, specialiter et expresse dixit quod quadam die nativitatis Kristi erat quidam servitor suus qui platos scutellas, catinos stagneos furatus fuit de coquina domus archiepiscopalis in magna quantitate, sic et taliter quod non habuit pro suo servicio illa die, sed dictus dominus Petrus Berlandi mandavit omnibus servitoribus et familiaribus suis quod nulli panderent nec dicerent nec recuperarent, quamvis furtum invenissent in manibus magistrorum estanneriorum, sed de novo emerent et dicto latroni omnia remisit ac ipsum congeriavit secrete ne esset infamatus, et post lapso tempore eum reconciliavit et sacerdotem eum fecit. Interrogatus quomodo hec scit ; — respondit quod ipse presens fuit et suos platos et scutellas dicto domino Petro acomodavit et in crastinum de mandato ejusdem novos platos, scutellas et catinos emit pro servicio dicte coquine.

justices, le saint pardonnait tout avec douceur et ne se souvenait de rien. Il raconta expressément et spécialement, le trait suivant : Un jour de la Nativité de Notre-Seigneur, un des serviteurs du saint vola à la cuisine de la maison archiépiscopale des plats, des bassins et des soucoupes d'étain en grande quantité, tant et si bien que l'archevêque n'en eut point ce jour-là pour son service; mais le dit seigneur Pierre Berland ordonna à tous ses serviteurs et à ses familiers de ne découvrir ce fait à personne, de n'en point parler et de ne pas revendiquer les objets volés, bien qu'on les eut trouvés entre les mains de maîtres marchands d'étain. Il voulut qu'on en acheta de nouveaux, pardonna tout au dit voleur et le congédia secrètement pour lui conserver la réputation. Bien plus, après un laps de temps il le réconcilia (par le sacrement de Pénitence), et le fit prêtre. Interrogé sur la façon dont il avait su ces choses, le témoin répondit que lui-même était présent lorsqu'elles se passèrent. Il prêta ce jour-là sa vaisselle au dit seigneur Pierre, et le

Super decimo quarto..... an petentibus consilium et auxilium preberet respondit quod omnibus sibi consilium petentibus absque difficultate et auxilium ut opus erat et poterat eisdem prebebat juxta graciam a Domino sibi datam et in hiis letabatur dum poterat eis subvenire.

Super decimo quinto..... an unquam populo sibi commisso verbum Dei predicaret, dixit et respondit ut supra super quarto interrogatorio; et dixit quod quandiu fuit rector in ecclesia predicta de Boliaco diebus. dominicis et festivis predicabat et doctrinabat parrochianos suos; et dum fuit assumptus ad archiepiscopatum Burdegalensem sepe predicabat in ecclesia sua Burdegalense et in aliis parrochiis dicte civitatis Burdegalensis et per omnes ecclesias suæ diocesis dum visitabat suam diocesim, vicia et peccata exe-

lendemain, par son ordre, il acheta de nouveaux plats, de nouveaux bassins et de nouvelles soucoupes pour le service de la dite cuisine.

La quatorzième question fut s'il donnait conseil et secours à ceux qui les lui demandaient. Le témoin répondit que tous ceux qui demandaient conseil au saint archevêque étaient satisfaits sans difficulté. Il les secourait autant qu'ils en avaient besoin et autant qu'il le pouvait, dans la mesure où Dieu lui en faisait la grâce. C'était pour lui un sujet de joie, d'avoir pu les secourir.

La quinzième question fut, si le saint distribuait à son peuple la parole de Dieu. Le témoin répondit ainsi qu'il a été rapporté plus haut au quatrième interrogatoire. Tant que le seigneur Pierre, dit-il, fut recteur de l'église de Bouliac, chaque dimanche et chaque jour de fête il prêchait et instruisait ses paroissiens. Pendant son épiscopat, il prêchait souvent à Bordeaux dans son église. Il prêchait aussi dans les autres paroisses de la dite cité ainsi que dans toutes les églises de son diocèse pendant ses tournées pastorales.

crando, detestando, exortando ad virtutes et bona opera prout decet bonum pastorem facere, et eos exortabatur ad bene agendum et Dei precepta servandum, et illud dixit esse publicum, notorium et manifestum per totam diocesim, et ipsum libenter audiebant, et ad sermonem suum confluebant omnes utriusque sexus.

Super decimo sexto..... an unquam de aliquâ re inhonnesta, turpi vel non permissa fuerit diffamatus, respondit quod unquam audivit quod esset notatus de aliqua infamia nec de aliqua maculâ, ymo est publicum et notorium de sua bona conversacione et fama honesta apud omnes qui dictum dominum Petrum agnoverunt; et etian deposuit supra quod honeste et caste totam vitam suam duxit et finivit.

Il montrait dans ses discours combien les vices et les péchés sont exécrables et détestables, exhortait à la vertu et aux bonnes œuvres comme doit le faire un bon pasteur, excitant ses auditeurs à bien vivre et à observer les commandements de Dieu. — Ce que je dis là, ajouta le témoin, est public, notoire et manifeste dans tout le diocèse; les fidèles de l'un et l'autre sexe entendaient l'archevêque avec joie et se rendaient en foule à ses sermons.

Comme seizième question, on demanda s'il avait jamais été parlé du seigneur Pierre pour quelque action déshonnête, honteuse ou défendue. Le témoin répondit que jamais il ne l'avait entendu accuser d'une infamie ou d'une faute quelconque. Bien plus, il est public et notoire pour tout ceux qui l'ont connu qu'il menait une vie sans reproche et qu'il jouissait d'une bonne réputation. Le témoin a déjà déposé que le saint passa sa vie tout entière et la termina dans la pratique de l'honnêteté et de la chasteté.

Super decimo septimo interrogatorio an adversantes ad invicem odiosos ac inimicos ad pacem et veram concordiam reduxerit vel saltem reducere quesiverit; respondit, dixit et deposuit quod quoscumque adversantes et ad invicem discordantes quantum in se erat ad pacem eos reducebat et exhortabatur et exortari faciebat per alios, ita quod medio ipsius multa mala scandala in civitate et diocesi ipsius fuere sopita, et de hoc fama communis pro ipso laborabat dum in humanis vivebat.

Super decimo octavo interrogatorio an idem Petrus toto tempore quo in humanis egit et usque ad ejus obitum virtuose et laudabiliter absque fama alicujus note fuit macule viscerit et vitam laudabilem duxerit ; respondit, dixit et deposuit numquam de ipso aliquod sinistrum audivit sed semper laudabilem et honestam vitam duxit ac honestam conversacionem habuit, ut supra deposuit super sexto decimo articulo.

La dix-septième question était ainsi conçue : Ramenait-il, ou du moins s'efforçait-il de ramener à la paix et à une vrai concorde ceux qui étaient divisés, ou animés de haine les uns contre les autres? Le temoin répondit, dit et déposa que soit par lui-même, en les exhortant, soit par d'autres, en les faisant exhorter, le saint archevêque, autant qu'il était en lui, ramenait à la paix les adversaires et les ennemis, si bien que, grâce à lui, nombre de mauvais scandales cessèrent soit dans la ville, soit dans le diocèse. Le saint en ceci était aidé par la bonne opinion qu'on avait de lui pendant sa vie.

Sur la dix-huitième question qui était si le dit seigneur Pierre, pendant tout le temps qu'il passa parmi les hommes, et jusqu'au jour de sa mort, avait vécu d'une manière digne d'éloges et sans qu'aucune tache vint ternir sa réputation. Le témoin a repondu, dit et déposé que jamais il n'avait entendu parler en mal de l'archevêque, mais que toujours sa vie et sa conduite avaient été dignes d'éloges, ainsi qu'il a été dit déjà plus haut, à l'article seizième.

Super decimo nono...., an tempore ejus obitus fuerit pro optimo et bono viro habitus, tentus, nominatus et reputatus ; respondit ipse testis loquens et deposuit quod talem ipsum habuit tempore vite sue quandiu vixit in humamis et ut talem ipsum reputavit, et de presenti etiam reputat et reputatus fuit apud quoscumque graves homines ante ejus obitum.

Super vigesimo..... an ante ejus obitum aut post idem dominus Petrus fuerit de aliquo crimine vel vitio ant aliquibus operibus diffamatus; dixit quod cessavit et cessat memorie de presenti talia se scire nec audivisse.

Super vigesimo primo... an idem dominus Petrus archiepiscopus tempore quod vivebat signa miraculosa facerit : dixit et deposuit quod quamvis esset bone vite et honeste conversacionis, ut predixit, miraculosa opera facientem non vidit nec audivit in vita; sed post mortem multa et quasi infinita fecit ut apparet visibiliter.

Sur la dix-neuvième question qui était si au temps de sa mort le seigneur Pierre était tenu, représenté et réputé comme un homme bon et excellent, le témoin interrogé répondit : Je l'ai tenu et réputé tel au temps de sa vie. C'est encore ainsi que je le considère et qu'il fut considéré avant sa mort par tous les hommes graves quels qu'ils fussent.

La vingtième question posée fut celle-ci : Avant ou après sa mort l'archevêque fut-il diffamé pour quelque crime, quelque vice ou quelque action mauvaise ? le témoin dit qu'il n'a jamais su et n'a point encore souvenir d'avoir su ou entendu pareille chose du saint.

Dans la vingt-unième question, on demande si le seigneur archevêque Pierre, au temps de sa vie fit des miracles. Le témoin dit et déposa ainsi : bien que l'archevêque fut de bonne vie et de conduite honnête ainsi que je l'ai dit, je ne l'ai point vu faire de miracles et je n'ai point entendu dire qu'il en ai fait pendant sa vie; mais après sa mort il en a fait un nombre très grand et pres-

Super vigesimo secundo..... an post ejus obitum idem dominus Petrus archiepiscopus aliqua miracula ant signa miraculosa fecerit; respondit predictus testis loquens et dixit quod varia et innumerabilia omnipotens Deus miracula et res miraculosas operatus est in personas dicto Petro archiepiscopo recommitentes, de variis et multis langoribus ut notum est omnibus. Interrogatus de quibus langoribus sive infirmitatibus; dixit quod proprie non habet in mente nec recordatur quia est unus in ecclesia qui habet conscribere talia opera miraculosa. Interrogatus dictus testis loquens a quanto tempore post ejus mortem inceperunt miracula illa coruscare, dixit quod non recordatur; nec qui fuit primo qui vovit; nec etiam de qua infirmitate seu necessitate recursum habuit, quia de hoc ipse non se intromittit ut predixit.

que infini, ainsi qu'on peut le constater.

A la vingt-deuxième question, on demanda si, après sa mort, le même seigneur archevêque avait fait quelques miracles ou prodiges miraculeux; le témoin répondit que le Dieu tout-puissant avait opéré des miracles et prodiges nombreux et variés au profit des personnes qui recouraient audit archevêque Pierre, pour leurs maladies diverses et nombreuses, ainsi que tous le savent. — De quelles maladies ou infirmités s'agit-il, demanda-t-on au témoin? — Le témoin répondit: A proprement parler, je n'ai rien de présent à l'esprit là-dessus et ne m'en souviens pas, parce qu'il y avait dans l'église quelqu'un de spécialement chargé de transcrire ces événements miraculeux. — Combien de temps après sa mort commencèrent les miracles, demanda-t-on? — Je ne m'en souviens pas, fut-il répondu. J'ignore aussi qui le premier fit un vœu au saint et de quelle infirmité ou nécessité il s'agissait et cela parce que je ne me suis point immiscé dans ces affaires ainsi que je l'ai dit.

Super vigesimo tertio........ an idem Petrus archiepiscopus post ejus obitum continuo et ab omnibus presertim civibus Burdegalensibus et aliis districtualibus et commcivibus ejusdem pro optimo et bono viro ac laudabilis vite fuerit; respondit quod talis habitus, tentus, nominatus et reputatus fuit ut in dicto interrogatorio continetur.

Super vigesimo quarto...... an idem dominus Petrus archiepiscopus a quinquennio proximè elapso pro sancto vel pro beato habitus fuerit; respondit et deposuit quod talis tentus, nominatus et reputatus fuit per omnes partes ducatûs Aquitanie et per omnes partes circumvicinas maxime in civitate Burdegalense et partibus adjacentibus.

Super vigesimo quinto et ultimo interrogatorio dictorum interrogatoriorum, interrogatus dictus testis loquens an ab aliquo tempore citrà et præsertim a dicto quinquennio lapso quamplurime et innumerabiles persone ad locum in quo idem archiepiscopus sepultus est tamquam ad sanctum et in

Dans la vingt-troisième question, on demanda si le saint archevêque, aussitôt après sa mort, fut regardé par tous, surtout par les Bordelais et par ses autres compatriotes, comme un homme bon, excellent, ayant vécu d'une manière digne d'éloges. Le témoin répondit que l'archevêque fut regardé, tenu, nommé et réputé comme tel, ainsi qu'il a été dit dans l'interrogatoire déjà cité.

La vingt-quatrième question fut si, pendant les cinq dernières années écoulées, le seigneur Pierre Berland avait été regardé comme saint et bienheureux. Il fut répondu par le témoin que c'est comme tel qu'on regardait, tenait et réputait ledit seigneur dans tout le duché d'Aquitaine, dans tous les pays circonvoisins, mais surtout à Bordeaux même, et dans les environs.

La vingt-cinquième et dernière question fut si, depuis quelque temps en ça, et surtout depuis cinq ans, bon nombre de personnes s'étaient rendues et continuaient à se rendre au lieu où l'Archevêque est enterré comme auprès d'un saint et d'un ami de Dieu pour en obtenir des grâces. Le témoin

altissimi gracia existentem pro obtinendis graciis iverint et continuo vadant, respondit ipse testis loquens quod multitudinem confluencium vidit et audivit de multis infirmitatibus et necessitatibus et de multis partibus ad sepulcrum dicti quondam Petri archiepiscopi applicarunt, et apparet per miracula et vota oblata et posita ante sepulturam dicti domini Petri Berlandi archiepiscopi, de quibus expressam memoriam non habet. Hec deposuit testis loquens prefatus die quarta decima mensis junii anno Domini millesimo quadringintesimo sexagesimo quarto.

répondit : « J'ai vu et entendu les pèlerins venus en grand nombre de pays divers au sépulcre du seigneur Pierre, autrefois archevêque. Ils y venaient pour des infirmités ou des besoins multiples ainsi que l'indiquent et les miracles opérés et les ex-voto offerts et déposés devant le tombeau et dont je n'ai point conservé la mémoire précise. »

Le susdit témoin déposa sur tous ces points le quatorzième jour du mois de juin en l'an du Seigneur 1464.

Discretus vir dominus Leonardus de Seguoniis, presbiter in ecclesiis sanctorum Andree Burdegale, et Severini, extra muros Burdegalenses benefficiatus, ac rector sive vicarius ecclesie parochialis de Quinsaco superiori, Inter-duomaria, Burdegalensis diocesis, etate quadraginta octo annorum vel circa ut dixit, testis citatus in causa hujusmodi perhibitur veritati testimonium; qui quidem testis juravit in

Léonard de Ségonie, homme discret et prêtre bénéficier des églises de Saint-André de Bordeaux et de Saint-Seurin hors des murs, et curé ou vicaire de l'église paroissiale du Haut-Quinsac Entre-deux-mers, diocèse de Bordèaux, âgé de quarante-huit ans ou environ, à ce qu'il dit, et appelé pour déposer dans cette cause, rend témoignage à la vérité ainsi qu'il va être dit : ce témoin, en présence de notre commissaire et

presencia nostri commissarii antedicti ad et supra sancta Dei evangelia ejus manu dextra corporaliter tacta, se dicere et deponere omnimodam et quam sciet veritatem de et super hiis quibus interrogabitur et in testem producitur.

Et primo super primo interrogatorio dictorum interrogatorium interrogatus dictus testis loquens an quondam bone memorie Petrus Berlandi olim archiepiscopus Berdegalensis fuerit kristianus, fidelis, catholicus; respondit quod fuit vigenti anni elapsi quibus dictus testis loquens fuit in servicio prefati domini Petri Berlandi archiepiscopi et fuit quatuordecim annis secretarius suus et continue vidit ipsum conversantem ut fidelem et catholicum kristianum, confitentem ac sacramenta Ecclesie recipientem atque administrantem, et talis fuit semper reputatus, nominnatus et irreprehensibilis vite, verbo, re et facto, tentus et reputatus inter majores et minores in Ecclesia sancta Dei.

Super secundo interrogatorio an ipse quondam Petrus Berlandi fuerit legitimo matrimonio procreatus; respondit

sur les saints Evangiles qu'il touchait de la main droite, a juré de dire toute la vérité autant qu'il la connaîtra sur tous les faits qui feront la matière de son interrogatoire et pour lesquels on demande son témoignage.

Dans le premier interrogatoire, on demanda audit témoin si Pierre Berland de bonne mémoire, autrefois archevêque de Bordeaux, était chrétien, fidèle et catholique?

Le témoin répondit : Pendant vingt années, je fus au service dudit seigneur Pierre archevêque. Je fus son secrétaire quatorze ans et toujours je l'ai vu se conduire comme un chrétien fidèle et catholique, se confessant, recevant les sacrements de l'église et les administrant. C'est ainsi que tout dans sa vie était irréprochable, et paraissait tel aux plus grands et aux plus petits dans la sainte Église de Dieu.

Deuxième Question. Pierre Berland était-il né d'un légitime mariage?

R. J'ai entendu dire qu'il en

quod ita audivit ab omnibus parentibus et amicis licet patrem neque matrem noverit; tamen audivit quod mater sua erat boni nominis et bone fame et etiam pater et protali et ut talis habitus, tentus, nominatus et reputatus fuit; et dixit quod mater sua non habuit neque filium neque filiam nisi dictum Petrum archiepiscopum, et fuit presens dum dictus Petrus archiepiscopus fecit exumari matrem suam a cimiterio ecclesie de Molinis et ossa ejusdem sepeliri honorifice et exequiis sollemnibus infra dictam ecclesiam de Molinis et emit redditus dicte ecclesie ad celebrandum qualibet septimana unam missam pro fidelibus deffunctis et specialiter pro animabus parentum suorum.

Super tertio.... an secundum ordinaciones et instituta sancte matris Ecclesie baptisatus et confirmatus extiterit; respondit ipse qui loquitur non novit patrinum neque matrinam sed tamen secundum communem famam talis tentus et reputatus fuit ac etiam toto tempore quo in humanis egit maxime honestatis et religiositatis fuit, et

était ainsi par tous les parents et amis du saint Archevêque, bien que je n'aie connu ni son père ni sa mère. On racontait aussi que sa mère jouissait d'un nom honoré et d'une bonne réputation ainsi que son père, homme de bien, regardé, tenu et réputé pour tel et comme tel. La mère du seigneur Pierre n'eut point de fille, ni d'autre fils que le saint.

J'étais là lorsque l'Archevêque fit exhumer du cimetière de l'église de Moulis le corps de celle qui lui avait donné le jour. Ses ossements furent ensevelis avec honneur et solennité dans ladite église à laquelle furent de plus attribués des revenus par le seigneur Pierre, afin qu'on y célébrât chaque semaine une messe pour les défunts et spécialement pour l'âme de ses parents.

Troisième Question. Avait-il été baptisé et confirmé suivant les rites et institutions de la sainte Eglise notre mère?

R. Je n'ai connu ni son parrain ni sa marraine, cependant d'après ce que l'on disait communément, l'Archevêque était tenu et réputé comme tel.

D'ailleurs, pendant toute sa vie, il montra de très grands

hec signa et opera boni et fidelis kristiani verbo, re et facto ostendit.

Super quarto... an laudabilis vite ac sanctitate et doctrina optimisque moribus polens extiterit; respondit ipse testis loquens quod fuit laudabilis et optime vire et maxime sanctitatis verbo et exemplo; nam quandiu mansit in suo servicio non vidit nec audivit unum sinistrum verbum nec malum exemplum in dicto Petro, sed semper servitores suos in bonis doctrinis informabat; nec in mensa nec extra mensam verba infructuosa neque vana proferebat nisi verba sacre scripture, et ita est communis fama. Etiam dixit et deponit dictus testis loquens quod erat assiduus in orationibus vigiliis et continuis meditationibus die, noctuque, et ut talis habitus tentus, nominatus et reputatus ab omnibus eum agnoscentibus fuit.

sentiments d'honnêteté et de religion; ses paroles, ses actions et toute sa conduite furent dignes d'un bon et fidèle chrétien.

Quatrième Question. Sa vie fut-elle digne d'éloges? Eut-il une sainteté, une doctrine et des mœurs excellentes?

R. Sa vie fut digne d'éloges et excellente; ses paroles et ses œuvres marquaient une très grande sainteté. Je parle ainsi parce que, tant que je suis resté au service dudit seigneur Pierre, je ne l'ai point entendu prononcer une parole répréhensible, je ne l'ai point vu donner un mauvais exemple. Au contraire, il inculquait sans cesse à ceux de sa maison les bonnes doctrines. Soit à table, soit ailleurs, il ne prononçait jamais un mot vain ou inutile mais il s'inspirait toujours dans ses conversations de la seule écriture sainte. C'est ce que l'on dit communément. Le témoin dit et dépose ensuite que l'Archevêque était assidu à la prière, aux veilles, aux longues méditations faites et le jour et la nuit. Tous ceux qui l'ont connu, le regardaient, tenaient, représentaient, et réputaient comme tel.

Super quinto... an assidue in orationibus ergà Deum et sanctos ejus vacaverit; respondit ipse testis loquens quod non recordatur quod unquam invenerit eum intrando cameram suam, ut ejus camerarius et secretarius, nisi orantem vel studentem in libris sacre scripture ac in meditationibus et contemplationibus existentem. Etiam dictus testis loquens omnes oras canonicas dicebat cum et assidue.

Super sexto... an idem quondam Petrus fuerit virgo seu saltem pro continente reputatus; respondit ipse testis loquens, quod talis reputatus est toto tempore vite sue nec oppositum audivit; scilicet quod ipse unquam consorcium suspectum habuerit cum aliqua muliere, nec unquam vidit quod aliqua mulier quantumcumque nobilis esset cameram suam intraverit, nec dictus Petrus episcopus hoc permiserit; sed quando veniebant ad eum, dabat eis audienciam extra et patenter in capella aut in aula sua. Et dixit ultra quod dum comes de Ontinton, venit ad presentem civitatem Burdegalensem, hospitatus fuit in domo ipsius Petri archiepiscopi et dormivit in

Cinquième Question. L'Archevêque était-il fidèle à prier Dieu et les saints?

R. Je ne crois pas être entré une seule fois dans sa chambre, soit comme camérier, soit comme secrétaire, sans le trouver priant, ou étudiant la sainte Écriture, ou bien encore plongé dans la méditation et la contemplation. Je disais avec lui régulièrement toutes les heures canoniques.

Sixième Question. Le dit seigneur Pierre était-il vierge ou du moins regardé comme continent?

R. Il fut regardé comme tel pendant toute sa vie, et je n'ai jamais entendu personne y contredire. Il n'eut jamais de relations suspectes avec une seule femme. Quelque nobles qu'elles fussent, les personnes du sexe n'entrèrent jamais dans sa chambre, car il ne le voulait point. Quand elles venaient à lui, il leur donnait audience hors de ce lieu, dans un endroit ouvert, à la chapelle ou dans une salle de son palais.
. . . .
Le vice impur était pour lui un objet d'horreur extrême. Il le reprochait à un grand nombre,

camera ipsius Petri archiepiscopi cum uxore sua propria, et ob hoc dictus Petrus a post noluit dormire in dicto lecto nec cameram habitare, sed sibi fecit edificari cameram alteram quam inhabitabat et ibi dormiebat. Et dixit quod vicium carnis multum abhorrebat et de illo multos increpabat et potissimè familiares et servitores suos ac omnes viros ecclesiasticos dure redarguebat.

Super septimo..... an ipse quondam Petrus dum vixit alia bona fecerit; respondit quod bona sua et facultates in cibos pauperum Kristi multipliciter distribuebat, nam primo dixit quod omni septimana dabat tres francos monete burdegalensis regulariter, unum francum cum dimidio mittebat pauperibus existentibus in hospitalibus dicte civitatis Burdegale seu in domibus propriis, alium francum cum dimidio faciebat distribui, et ipse manualiter diebus dominicis et festivis in ecclesia sua cathedrali distribuebat pauperibus et mendicantibus, dando cuilibet unum arditum, preter alias elemosinas prenominatas quas faciebat viduis, orphanis et pupillis,

mais surtout à ses familiers et à ses serviteurs. . . . .

Septième Question. Le saint évêque fit-il d'autres bonnes œuvres pendant sa vie?

R. Il donnait de mille façons, pour nourrir les pauvres de Jésus-Christ, ses biens et son avoir. D'abord chaque semaine il donnait régulièrement trois francs de monnaie bordelaise, envoyait un franc et demi aux pauvres, dans les hôpitaux ou dans les maisons particulières de Bordeaux, et faisant distribuer l'autre franc et demi. C'était lui-même qui, de sa main, distribuait l'argent aux pauvres dans sa cathédrale les jours de dimanche et de fêtes, donnant à chacun un ardit, et cela indépendamment des autres aumônes qu'il faisait aux veuves, aux orphelins et aux

virginibus maritandis et aliis indigentibus, quia nullus recedebat vacuus, nam aliquibus dabat pannum ad induendum, aliis aurum, aliis quoque argentum, secundum exigentiam personarum et necessitatem earumdem. Interrogatus quomodo hec scit ipse testis loquens; qui respondit quod ideo, quia ipse fuit helemosinarius suus et per manus suas fuerunt distributa bona sua ferè per duodecim annos vel circa, sed quia occupabatur per dictum dominum Petrum in dicendo divinum officium et in officio secretarie successit sibi dominus Guilhelmus Muralha presbiter qui etiam fuit helemosinarius prefati domni Petri.

Super octavo....., an assiduis temporibus confiteretur sacerdoti; respondit dictus testis loquens quod omni die sive celebraret sive non, confitebatur. — Interrogatus, cui seu quibus sacerdotibus; respondit quod communiter confitebatur cuidam sacerdoti vicario perpetuo majestatis Sancti-Andree ejusdem civitatis et Ecclesie cathedralis Sancti-Andree. Interrogatus de nomine; dixit quod vocabatur dominus Pe-

pupilles, aux filles pauvres qui allaient se marier et aux autres indigents. Personne ne se retirait les mains vides, car à ceux-ci il donnait des habits pour se couvrir; à ceux-là de l'or, à d'autres enfin de l'argent, selon les besoins et nécessités de chacun. — On voulut savoir comment le témoin savait ces choses; il répondit: J'ai été son aumônier, et c'est par mes mains qu'il distribua ses biens pendant douze ans ou environ. Mais dans la suite, comme le dit seigneur Pierre m'employait pour réciter le saint office avec lui, et en qualité de secrétaire un prêtre nommé Guilhaume Muralha me succéda et fut aussi l'aumônier du dit seigneur Pierre.

Huitième Question. Se confessait-il à un prêtre régulièrement?

R. Il se confessait chaque jour, qu'il dût célébrer ou non.

D. A qui, ou à quels prêtres?

R. Ordinairement c'était à un prêtre vicaire perpétuel de la majesta de St-André, église cathédrale de la même ville.

— Comment se nommait ce prêtre?

— Il s'appelait maître Pierre Ruffe. Celui-ci étant mort, l'ar-

trus Ruffi et mortuo illo confitebatur Domino Johanni de Puyata, et dum erat extra, aliquando testi loquenti; aliquando etiam confitebatur domino Henrico Veyreni et domino Raimondi de Guto. Et ultra dixit quod semel anno confitebatur cuidam carmelite dicto priori de Languon, bacallario ac probo viro, virtute quarumdam indulgenciarum quas habebat à summis Pontifficibus. Interrogatus si sepe sumebat Eucaristiam ac missas et alia divina officia devotissime celebraret; respondit quod cothidiè devotissime celebrabat missas suas atque sacramentum Eucaristie sumebat cum lacrimis et devotione atque cum maxima compunctione nisi esset infirmus vel semel in ebdomada ex indispositione obmuteret, aliaque divina officia continue dicebat spaciose tractim et devote, et nullatenus pretermittebat quin horis congruis et diebus predictum officium suum persolveret ; et quasi continue in matutinis in choro intererat et dictis matutinis et prima diei confitebatur, et sic absque loquela missam suam ad capellam suam ibat celebratum.

chevêque se confessait à maître Jean de Puyate. Pendant ses voyages, il se confessait parfois à moi. D'autres fois aussi il se confessait à maître Henri Veyrène et à maître Raymond de Goût.

De plus, une fois l'an, il se confessait à un Carme appelé le prieur de Langon, bachelier et homme probe, à cause de certaines indulgences que ce religieux conférait en vertu d'un pouvoir reçu des Souverains Pontifes. — Le seigneur-archevêque recevait-il souvent la sainte Eucharistie ? — Célébrait-il avec dévotion la messe et les autres divins offices ? — Chaque jour il célébrait très dévotement la messe et les divins offices, à moins qu'il ne fût malade. Il communiait chaque jour avec larmes, dévotion et une grande componction, à moins qu'il ne s'abstînt, une fois dans une semaine, pour quelque indisposition. Il récitait l'office, sans s'interrompre ni se presser, mais posément et dévotement, n'omettant pas un seul jour de le dire aux heures convenables. Il assistait, presque sans aucune absence, à matines au chœur, et après avoir dit les matines et prime, il

Super nono.... an infirmis et miserabilibus personis in eorum necessitatibus subveniret et alia opera misericordie exerceret; respondit quod sic, ut in septimo interrogatorio supra deposuit, et preter supradicta deposuit, et dixit quod multas alias helemosinas fecit et deposuit et dixit quod multas alias helemosinas fecit et continue et communatim faciebat tam de pecuniis quam de blado ac vino. Interrogatus quibus; respondit quod in conventu beate Marie Vitallis-Clare, ordinis cartusiensis Petragoricensis diocesis, fecit multas helemosinas et specialiter quandam cappellam funditus fecit edificari in dicto monasterio beate Marie Vitallis-Clare; et etiam ecclesiam de Laureomonte reparavit atque edificavit, in qua exposuit mille libras Burdegalenses. Interrogatus quomodo scit; respondit quia ipsemet testis loquens solvit lathonis et aliis operatoribus nomine dicti Petri archiepiscopi. Ulterius aliam ecclesiam fecit reparari ibi prope de qua reparacione

se confessait: puis, sans parler à personne, il allait célébrer la messe à sa chapelle.

Neuvième Question. Secourait-il dans leurs nécessités les infirmes et autres personnes misérables? Faisait-il d'autres œuvres de miséricorde?

R. Il en était ainsi comme je l'ai dit dans ma réponse à la septième question. — Ajoutant à ce qu'il a déjà dit, le témoin dépose et parle ainsi qu'il suit : Le saint Archevêque faisait beaucoup d'autres aumônes, sans interrompre l'exercice de sa charité et sans faire acception de personnes. Il donnait, soit de l'argent, soit du blé, soit du vin. — A qui? — Il fit d'abondantes aumônes au couvent de la bienheureuse Marie de Vauclaire, appartenant à l'Ordre des Chartreux du diocèse de Périgueux. Il fit, entre autres choses, bâtir complètement et depuis les fondements une chapelle dans ledit monastère. De même l'église de Lormont fut réparée et restaurée à ses frais, ce qui lui coûta mille livres bordelaises. — Comment savez-vous cela? — C'est moi-même qui ai payé les tailleurs de pierres et autres ouvriers au nom du seigneur Archevê-

solvit quadraginta francos dicte monete burdegalensis; preterea construxit quoddam hospitale prope sanctum Severinum extra muros Burdegale, vulgariter numcupatum sancti. Petri apostoli ad recolligendum undecumque venirent pauperes Kristi et ipsum dotavit super lectilibus necessariis et emit redditus pro reparatione dicti hospitalis et pro sustentatione pauperum Kristi. In cujus edificatione, constructione, fundacione ac dotatione magnas pecunias exposuit. Item, in civitate Burdegalense predicta fundavit quoddam collegium pro pauperibus studentibus numero duodecim qui ibidem diecim (decennium) student. Insuper emit hospicium et hospicia circumquaque ad fundandum dictum collegium et etiam emit decimas et redditus predicti collegii et collegiatorum sustentacione; et univit aliqua benefficia dicto collegio, pro quibus exposuit multas pecunias; et omnem suam librariam dimisit predicto collegio et collegiatis supradictis. Insuper interrogatus quomodo hec scit; respondit quia fuit presens quasi in omnibus supradictis. Insuper

que. Plus tard, ledit seigneur fit réparer une autre église près d'ici, et cette réparation lui coûta 40 francs de monnaie bordelaise. En outre, il bâtit hors des murs de Bordeaux, près de Saint-Seurin, un hôpital, vulgairement dit : « de Saint-Pierre apôtre » pour y recevoir les pauvres de Jésus-Christ d'où qu'ils vinssent. Lui-même pourvut cet hôpital du mobilier nécessaire et lui donna des revenus pour subvenir aux réparations de la maison et aux besoins des pauvres. Cette construction et fondation, ainsi que la dotation, lui coûtèrent beaucoup d'argent.

A Bordeaux même, il fonda un collège pour y recevoir douze étudiants pauvres. Il acheta deux maisons près l'hôpital Saint-André pour cette fondation, et donna des revenus pour soutenir la maison et les étudiants. Il attacha aussi quelques bénéfices à ce collège; tout cela lui coûta beaucoup d'argent. C'est encore à cet établissement qu'il laissa toute sa bibliothèque. — Comment savez-vous tout cela ? — J'ai vu moi-même se passer presque tous ces faits. Le témoin dit et déposa ensuite que ledit sei-

quoque dixit et deposuit dictus testis loquens quod dictus Petrus archiepiscopus propriis sumptibus impetravit a summo Pontifice Eugenio fundacionem studii universitatis Burdegalensis.

Deinde dixit quod annuatim dabat religiosis viris et conventibus eorumdem civitatis Burdegalensis helemosinam bladi et vini; in qualibet festivitate vel in festivitatibus nativitatis Kristi, omnium sanctorum, Pasche et Penthecostes dabat conventui Predicatorum, minorum, Augustinorum et carmelitarum duos boisellos bladi; et quando veniebat necessitas in dictis conventibus recursum habebant ad dictum Petrum archiepiscopum, et numquam recedebant sine helemosina bladi vel vini. Similiter dabat conventibus religiosarum dicte civitatis Burdegalensis annuatim videlicet Sancte-Clare et Augustinarum; et multis aliis pauperibus bona sua distribuebat et opera misericordie complebat; de quibus longum enarrare esset quia multi ad eum confluebant.

Super decimo... quos vestes sive quos pannos induebat; respondit quod communiter indue-

gneur Pierre avait obtenu du Souverain Pontife la permission de fonder, et toujours à ses frais, une Université pour les études à Bordeaux. Chaque année, le saint donnait aux couvents et aux religieux de la même ville de Bordeaux des aumônes de blé et de vin. A chaque fête, ou du moins aux jours de Noël, la Toussaint, Pâques et Pentecôtes, il donnait deux boisseaux de blé aux Dominicains, aux Franciscains, aux Augustins et aux Carmes. Puis, lorsque le besoin se faisait sentir chez ces religieux, ils avaient encore recours audit seigneur, et ne s'en retournaient jamais sans emporter une aumône de blé ou de vin. Il donnait de même chaque année aux maisons de religieuses, Clarisses et Augustines, de Bordeaux. Il distribuait ses biens à beaucoup d'autres pauvres et accomplissait des œuvres de miséricorde; mais il serait trop long de les raconter parce que les solliciteurs venaient vers lui en bien grand nombre.

Dixième Question. Quels habits ou hardes portait-il ?

R. Il s'habillait communé-

batur pannis de quibus faciebat liberatam suis servitoribus, preter capam pontificalem quam super deferebat, subtus portabat vestem communem et desubtus aliam folleratam de tela, deinde camisiam lineam et supra carnem cilicium continue. Interrogatus testis loquens quomodo hec scit; dixit quod dum venit ad servicium sui, sunt viginti anni elapsi vel circa, fecit camerarium suum et una die duxit eum apud Laureum montem et ibi sub benedictte seu sub sigillo confessionis ostendit sibi familiaritatem suam, precipiendo ut neminem dum viveret in humanis detegeret. Et deposuit ultra, dictus testis loquens, quod ipsemet lavabat dicta cilicia et emebat quando erant sibi necessaria et ipse Petrus archiepiscopus eidem precipiebat. Interrogatus qualiter dormiebat ; respondit quod non dormiebat in lecto de pluma, sed in lecto in quo erat almatractum de lana. Interrogatus an essent linteamina; dixit quod sic. Interrogatus an jaceret nudus vel vestibus; respondit quod exuebat vestes magnas et discalciebat pedes sed nunquam

ment des mêmes étoffes dont il faisait faire la livrée de ses serviteurs. Il portait en dessus le manteau pontifical, mais sous cet habit, c'était un vêtement d'étoffe commune, puis dessous encore un autre doublé de toile, puis une chemise de lin, et, enfin, sur la chair, un cilice qu'il ne quittait point. — Comment savez-vous ces choses ? — Je fus à son service il y a vingt ans ou environ. Il me fit son camérier, et un jour me conduisit à Lormont ; là sous le « Bénissez-moi », en d'autres termes, sous le sceau de la confession, il me fit ses confidences avec familiarité, m'ordonnant de n'en rien dire avant sa mort.

C'est moi-même encore qui lavais ses cilices ou qui lui en achetais de *nouveaux* lorsque cela était nécessaire, et qu'il me l'ordonnait.

— Comment dormait-il?

— Il ne couchait point sur un lit de plume, mais bien sur un matelas de laine.

— Y avait-il des draps à son lit ?

— Oui.

— Se déshabillait-il pour se coucher?

— Il quittait ses habits de

exuebat tunicam parvam, camisiam nec cilicium quod deferebat supra carnem. Et ultra dixit quod quando recipiebat cilicium novum seu noviter lautum, illa nocte non intrabat lectum sed per totam noctem vigilabat, psalmos ac orationes privatas continuè dicendo, genibus flexis stando, et in divinis meditationibus perseverando.

Super undecimo..... an esset nimium loquax vel parcus et rarus in loquendo; respondit quod servabat dictum sapientis : tempus loquendi et tempus tacendi; observabat silencium in choro et in divino officio, atque in mensa sua verba sacre scripture continue audiendo et lectiones in mense Biblie vel sermonum sancti Vincencii faciebat ante ipsum legere et recitare; verba scurilia inhonesta, vana atque otiosa vittabat et vittare faciebat in domo sua suis servitoribus; doctrinas bonas ac mores bonos et virtuosos dabat ipsis et omnibus circumstantibus. Interrogatus quomodo hec scit; ipse testis loquens, respondit quod continue tempore quo ipse in servicio suo fuit hec vidit et

dessus et se déchaussait, mais jamais il ne quittait sa petite tunique, sa chemise et le cilice qu'il portait sur la chair.

Le témoin ajouta : lorsqu'il recevait un cilice neuf ou nouvellement lavé, cette nuit-là il ne se couchait pas, mais il veillait, passant le temps du sommeil à réciter des psaumes ou des prières à genoux ou debout ainsi qu'à faire des méditations pieuses.

Onzième Question. Était-il trop bavard, ou parlait-il rarement et avec modération?

R. Il observait le conseil du Sage : « Il est un temps pour parler et un temps pour se taire. » Il gardait le silence au chœur et pendant l'office divin; à table, au lieu de discourir, il écoutait les lectures qu'on y faisait toujours soit de la Bible, soit des sermons de saint Vincent. Il évitait et faisait éviter chez lui à ses serviteurs toute parole bouffonne ou malhonnête, ou vaine et inutile. Il inculquait à tous ceux de son entourage les saines doctrines, les mœurs bonnes et vertueuses. — Comment savez-vous ce que vous déposez? — Je le sais parce que tout le temps que j'ai été à son service ces choses

audivit. Et ultra dixit quod in festivitatibus, potissime post prandium, faciebat omnes suos servitores et familiares coram se convenire et ipsos monebat et doctrinas sacre scripture seu vitas sanctorum et exemplâ eos informabat, et docebat vicia et peccata vitare, et bonas virtutes et mores inferere nec unquam verba otiosa ex proposito dictus testis loquens ab ore ejusdem Petri archiepiscopi audivit.

Super duodecimo... an in ejus infirmitatibus et tribulationibus quas tempore ejus vite passus fuit paciens fuerit; respondit quod quamvis aliquociens ex tribulacionibus suis molestaretur, statim tamen quietabatur, infirmitates valde paciencter sufferebat sine murmure et semper gracias Deo agebat; odium nec rancorem in corde suo contra neminem gerebat adversitatibus et illas libenti animo sustinebat.

Super tridecimo...... an importunos sustinuerit et inju-

se sont faites et dites sous mes yeux. — Le témoin ajoute ensuite qu'aux jours de fêtes, surtout après le repas, le saint Archevêque réunissait devant lui ses serviteurs et ses familiers; là, il les avertissait de leurs défauts, leur faisait goûter les doctrines de la sainte Ecriture ainsi que la vie et les exemples des saints; là aussi il leur enseignait à éviter les vices et les péchés, à pratiquer les vertus et les bonnes mœurs.

Le témoin termine en disant que jamais devant lui, ledit seigneur Pierre ne prononça de propos délibéré une seule parole inutile.

Douzième interrogatoire. Dans ses infirmités et dans la tribulation pendant sa vie, le seigneur Pierre était-il patient?

R. Bien que parfois il fût troublé par la tribulation, le saint se remettait cependant bien vite. Il supportait ses maladies sans murmurer, mais au contraire en rendant grâces à Dieu; il n'avait ni haine ni rancune dans son cœur, contre personne. Il souffrait avec gaité toutes les adversités.

Treizième Question. Souffrait-il patiemment les impor-

riantibus sibi injurias remiserit et pepercerit; respondit quod quamvis a multis multas et varias injurias sustinuerit, illas bono et libenti animo remisit. Interrogatus a quibus; respondit quod a multis tam ecclesiasticis quam secularibus multa sustinuit patienter et audivit, presente ipso teste loquente, de quibus non recordabatur de mane et remittebat eis bono corde nec vindictam unquam appetebat ex injuriis sibi illatis.

Super quartodecimo...... an petentibus consilium et auxilium preberet respondit quod omnibus pauperibus et divitibus consilium petentibus se exigebat promptum et paratum tociens quotiens erat necessarium et opportunum, et addit quod adhuc existens in infirmitatibus suis petebat si erant aliqui volentes ejus presenciam habere; sibi dicendo et aliis servitoribus ut nemini denegarent aditum et introitum ad ipsum ad fines ut possent habere concilium et auxilium ab eo; et porte semper essent aperte cunctis volentibus introire.

Super decimo quinto...... an

tuns. Remettait-il et pardonnait-il les injures?

R. Beaucoup lui firent des injures et souvent ; mais il les pardonnait avec joie et bonté.
— Qui donc l'injuriait ? — C'étaient soit des ecclésiastiques, soit des laïques en grand nombre. Il était toujours patient. J'ai entendu des personnes lui adresser des paroles blessantes, dont il ne se souvenait plus le lendemain matin. Il pardonnait de bon cœur et ne cherchait jamais à se venger des injures reçues.

Quatorzième Question. Ceux qui lui demandaient conseil et secours, étaient-ils écoutés ?

R. Pauvres ou riches qui recouraient à lui, le trouvaient prêt et disposé à les entendre chaque fois que cela était nécessaire et opportun. Même malade, il demandait si personne ne désirait le voir : Il me disait, ainsi qu'à ses autres serviteurs : « Ne refusez à personne d'entrer et de parvenir jusqu'à moi, pour demander conseil ou secours »; il voulait que les portes fussent toujours ouvertes à tous ceux qui voulaient entrer.

Quinzième Question. Prê-

unquam populo sibi commisso verbum Dei predicaret; respondit quod verbum Dei toto tempore quo fuit in servicio suo vit et audivit singulis annis predicare populo sibi commisso, in ecclesia sua cathedrali Burdegalense, in adventibus et quadragesima et aliis temporibus; similiter in ecclesiis parrochialibus ejusdem civitatis Burdegale et circumvicinis, et potissime in ecclesiis unde recipiebat dicimas; et generaliter dum visitaret per suam diocesim, faciebat in omnibus ecclesiis sue diocesis populum suum exortando ad bene agendum et Dei precepta servandum; homines et mulieres in casibus sibi reservatis tanquam archiepiscopo et presuli que ad ipsum spectabant et pertinebant benigne ut bonus pastor audiebat et ad viam salutis reducebat.

chait-il quelquefois au peuple qui lui était confié?

R. Pendant tout le temps que j'ai été à son service, je l'ai vu et entendu prêcher à son peuple chaque année à l'avent et au carême, dans sa cathédrale de Bordeaux. Il prêchait aussi dans les autres églises paroissiales de la ville et des environs, surtout dans celles dont il recevait des revenus. En général, pendant ses visites pastorales il prêchait dans toutes les églises, exhortant le peuple à bien vivre et à bien observer les commandements de Dieu. Les hommes ou les femmes pour la confession des cas réservés à l'archevêque, étaient entendus avec bonté, et ramenés par lui dans la voie du salut.

(*Nouvelle lacune :* Troisième interrogatoire)

Super octavo... dictus testis loquens an assidue temporibus confiteretur sacerdoti; respondit quod sic, quasi omni die; et etiam celebrabat missas suas devotissime et alia divina officia celebrabat; et divinum offi-

Huitième Question. L'archevêque se confessait-il régulièrement à un prêtre?

R. Oui : il se confessait presque tous les jours. Il disait aussi la messe très dévotement et célébrait les autres divins

cium continue dicebat nec dicere nullattenùs pretermittebat et etiam omni die primus in matutinis intererat, in vesperis et in missa majori diebus divinis et festivis et in magnis solemnitatibus missas pontificaliter, in ecclesia sua cathedrali celebrabat.

Super nono..... an infirmis et miserabilibus personis in eorum necessitatibus subveniret et alia opera misericordie exerceret, respondit quod multum erat pius et misericors in talibus vacabat et in operibus misericordie se exercebat.

Super decimo... quas vestes sive quos pannos in duebat et qualiter ac quibus pannis et vestibus induebat ibat; respondit quod communibus vestibus induebatur sed continue portabat cilicium super carnem suam et cum eo dormiebat.

Interrogatus dictus testis loquens quomodo scit quod sepedictus Petrus archiepiscopus cilicium portaret; respondit quod ipse vidit oculis propriis.

offices. Quant à son bréviaire il le disait sans s'interrompre et ne l'omettait jamais. Tous les jours aussi, il était le premier au chœur pour matines; il assistait aux vêpres et à la grand'messe les dimanches et les jours de fêtes. Enfin, aux jours de grandes solennités, il officiait pontificalement à la messe dans sa cathédrale.

Neuvième Question. Les infirmes et autres personnes misérables recevaient-elles de lui des secours dans leurs nécessités? Pratiquait-il les autres œuvres de miséricorde?

R. Il était plein de pitié et de bonté pour les malheureux. Sans cesse il s'occupait d'eux et s'adonnait aux œuvres de charité.

Dixième Question. Quels habits portait-il? de quelles hardes se servait-il?

R. Le seigneur Pierre se servait de vêtements communs, mais il portait toujours sur la chair un cilice, qu'il ne quittait pas même pour prendre son repos. — Comment savez-vous, demande-t-on au même témoin que ledit seigneur archevêque Pierre portait un cilice? — Parce que je l'ai vu de mes propres yeux.

Super undecimo... an esset nimium loquax vel parcus et rarus in loquendo; respondit quod erat bene loquens in exhortando, corrigendo et in doctrinando et in bonis et virtuosis operibus informando; parcus vero in proferendo verba otiosa, infructuosa ac etiam inhonesta ex proposito.

Super duodecimo... an in ejus infirmitatibus et tribulationibus quas tempore ejus vite passus fuit paciens fuerit et illas libenti animo sustinuerit; respondit quod sic. Interrogatus dictus testis loquens quomodo scit, dixit quod vidit eum et visitavit et specialiter in quodam gravi infirmitate qua effectus fuerat paraliticus quam sustinebat multum pacienter, gracias Deo continue referendo absque aliqua impaciencia libenti animo dictas infirmitates et tribulaciones sustinendo.

Super tridecimo... an importunos sustinuerit et injuriantibus sibi injurias remiserit et pepercerit; respondit quod injurias sibi factas supportabat libenti animo, ita quod non reddebat malum pro malo, nec

Onzième Question. Était-il trop bavard? ou bien était-il sage et réservé dans le parler?

R. Les paroles ne lui coûtaient pas pour exhorter, corriger, enseigner, former à la vertu et aux bonnes œuvres ; mais il se taisait lorsqu'il fallait dire de propos délibéré des mots inutiles, sans profit, ou bien même peu séants.

Douzième Question. Dans les maladies ou tribulations qu'il eut à souffrir pendant sa vie, était-il patient? Supportait-il tout cela de bon gré?

R. Oui, il en fut toujours ainsi. — Comment le savez-vous? — Je le voyais et fréquentais dans ces occasions et spécialement dans une maladie très grave qui l'avait rendu paralytique. Il la supportait avec beaucoup de patience, rendait sans cesse grâces à Dieu, ne laissant échapper aucun signe d'impatience, mais toujours gai au milieu de ces maladies et tribulations.

Treizième Question. Savait-il souffrir les importuns? remettait-il et pardonnait-il les injures à ceux qui lui en faisaient?

R. Il supportait gaiement les injures, si bien qu'il ne rendait jamais le mal pour le mal, ou

verbum pro verbo sed quicumque parcebat corde bono et optimo, nec de injuriis sibi factis vindictam aliquam appetebat.

Super quartodecimo.... an petentibus consilium et auxilium preberet; respondit quod ad hoc presto et paratus existebat omni tempore et paratus erat quibuscumque consilium et auxilium dare prout melius poterat et sciebat nec alicui se denegabat.

Super quintodecimo,.... an unquam populo sibi commisso verbum Dei predicaret; dixit quod libenter et continue verbum Dei predicabat et populum suum informabat ad bene agendum et Dei precepta servandum continue, tam in civitate Burdegale quam extrà civitatem et suam diocesim Burdegalensem, dum visitabat predicabat ipsemet per omnes ecclesias quandiu potuit accedere.

une parole blessante pour une parole blessante; mais il pardonnait à chacun de bon et très bon cœur et jamais ne cherchait à tirer vengeance des injures qui lui étaient faites.

Quatorzième Question. Ceux qui lui demandaient conseil et secours étaient-ils exaucés?

R. Il était toujours prêt pour cela, à la disposition de tous et en tout temps pour donner conseil et secours du mieux qu'il pouvait et savait. Il ne se refusait à personne.

Quinzième Question. Ledit seigneur Pierre prêchait-il quelquefois à ses ouailles la parole de Dieu?

R. C'est encore avec joie, et sans y manquer que le saint archevêque annonçait la divine parole et enseignait à son peuple ce qu'il faut pour vivre bien et garder toujours les commandements de Dieu. Il agissait ainsi soit dans la ville de Bordeaux, soit hors de la cité lors de ses visites diocésaines pendant lesquelles tant qu'il put y atteindre il prêcha dans toutes les églises.

(*Autre lacune* : Quatrième interrogatoire)

Super sexto... Quod pro tali et

Sixième question. L'arche-

ut talis reputatus fuit et ut castissimus ab omnibus illis qui cognoverunt ipsum, in studiis et in aliis locis, qui nunquam potuerunt scire nec cognoscere quod de illo peccato fuerit notatus nec de lapsu carnis ullo modo diffamatus; ymo ut castissimus et ut virgo reputatus; ita audivit ipse testis loquens a pluribus testibus fide dignis et specialiter a dicto suo avunculo domino Antonio de Vilario qui longuo tempore conversatus fuit secum, in studio et in curia romana et etiam in Burdegala, qui nunquam potuit cognoscere sinistrum in eo, maxime de peccato carnis. Et addidit ipse testis loquens quod pro tempore quo in servicio dicti Petri archiepiscopi fuit, numquam vidit nec audivit quod aliqua mulier ingrederetur cameram suam nec studium, sed exibat extra ad dandam eis audienciam dum veniebant ad eum, nec quod loqueretur cum aliqua muliere nisi in publico.

vêque Pierre était-il vierge ? Le tenait-on pour tel ou du moins comme gardant la continence ?.........
..... Tous le croyaient tel, répondit le témoin; il était regardé comme très chaste par tous ceux qui le connurent soit pendant ses études soit ailleurs. Jamais il ne purent savoir ou connaître qu'il eût été noté pour quelque péché, diffamé pour quelque faute honteuse. Sa réputation de chasteté et de virginité était sans tache. C'est là ce que le déposant tient de plusieurs témoins dignes de foi et en particulier de son dit oncle le seigneur Antoine de Vilars, lequel pendant longtemps vécut avec l'archevêque, soit pendant ses études soit en cour romaine, soit même à Bordeaux, et jamais n'apprit rien de répréhensible sur le saint homme surtout à propos de cette sorte de péché. Le témoin écouté ajoute : je n'ai jamais vu ou entendu dire qu'une femme fût entrée dans sa chambre ou dans son cabinet. Lui-même sortait pour donner audience aux personnes du sexe lorsqu'elles venaient et il ne leur parlait jamais qu'en public.

Super septimo..... an ipse quondam Petrus dum vixit alia bona fecerit ; respondit et dixit idem testis, quod dictus Petrus archiepiscopus in primis fecit reparari ecclesiam de Boliaco. Inter-duo-Maria et coperire eam totaliter; et Ecclesiam de Quinsaco; etiam reparavit Ecclesiam Sancti-Martini de Laureomonte, etiam Inter-duo-Maria, et beate Marie de Solaco, in Medulco, in quibus fecit magnas reparationes et multas pecunias distribuit. Et fabricavit seu fabricari fecit ipse Petrus archiepiscopus quandam capellam funditus in honorem Sancti Raphaelis in parrochia Sancti-Petri de Abensano, etiam in Medulco, ejusdem diocesis Burdegalensis, unde ipse Petrus archiepiscopus erat oriundus ; et in domo paterna et ubi erat natus et eam ornavit ornamentis necessariis et dotavit redditibus, et fundavit unam missam perpetuam in septimana qualibet. Etiam in Ecclesiis dicti Sancti Petri de Abensano et de Molinis, in Medulco, dedit ornamenta pro dictis Ecclesiis et emit redditus pro duabus missis celebrandis quâlibet septimana perpetuis.

Septième Question. Le dit seigneur Pierre, pendant sa vie, fit-il d'autres bonnes œuvres ?
R. Ledit archevêque d'abord fit réparer l'église de Bouliac, dans l'Entre-deux-Mers, et la fit recouvrir complètement ; il fit de même pour l'église de Quinsac : il répara aussi les églises de Saint-Martin de Lormont dans l'Entredeux-Mers, et l'église de Sainte-Marie de Soulac, Médoc : Il fit de grandes réparations dans ces diverses églises et y dépensa beaucoup d'argent. Ledit archevêque Pierre bâtit encore ou fit bâtir complètement une chapelle en l'honneur de saint Raphaël dans sa paroisse natale, nommée Saint-Pierre d'Avensan en Médoc, même diocèse de Bordeaux, sur l'emplacement de la maison paternelle où il était né, la pouvut des ornements nécessaires et de revenus. Il y fonda à perpétuité une messe hebdomadaire : Enfin les églises dudit Saint-Pierre d'Avensan et de Moulis, en Médoc, furent aussi pourvues d'ornements et il leur assigna des revenus pour la célébration à perpétuité de deux messes hebdomadaires.

(*Autre lacune.* — Cinquième interrogatoire.)

Super undecimo... Item, interrogatus ipse testis loquens, an esset nimium loquax vel parcus vel rarus in loquendo et an verba ottiosa et proposito unquam locutus fuerit; dixit quod prefatus dominus Petrus parcissime loquebatur, admodumque in viris ecclesiasticis loquacitatem criminabatur; etenim nemo, ut idem testis retulit, ~~~~ se in sermone veratior : tanta enim modestia predictus fuit, ut nichil interlocutus putet honestum promeret. Eratque pater tanto consuetudo verbis scripture sancte seu doctrine salutaris insistere, de vita etiam sanctorum et loca Terre-Sancte que ipse in provinciarum visitaverat in audita etiam devotione texere, videlicet ubi Kristus natus, Baptizatus et presentatus, et ubi cenam fecit, etiam de locis in quibus Kristus fuit captus, ligatus, crucifixus et sepultus. Postque sic affatu sua prolata, ut pontificem talem tantum non dedecebat salutifere sibi abscumdantes et insistentes suo servicio commone fa-

Onzième Question. Le saint archevêque était-il trop bavard, ou bien parlait-il avec sagesse et modération ? Prononçait-il jamais de propos délibéré, des paroles oiseuses ?

R. Le dit Seigneur Pierre parlait très modérément et reprenait avec un très grand soin les ecclésiastiques auxquels on pouvait reprocher d'être bavards. Personne, dit le témoin, n'était plus véridique que le saint, dans ses discours. Il y était de même si modeste, que je ne pense pas lui avoir entendu y mêler une seule parole deshonnête. Il avait une très grande habitude de se servir des paroles de la sainte Écriture ou de la doctrine du salut. Il disait aussi beaucoup de choses sur la vie des saints, sur la terre sainte qu'il avait visitée dans son entier, et c'est toujours avec une dévotion inouïe qu'il en parlait, décrivant les lieux où le Christ naquit, fut baptisé, présenté à Dieu; ceux où il fit la cène, où il fut pris, lié, crucifié et enseveli. Lorsqu'il avait

ciebat ad pretacta pro loco saltem et tempore meditandum, ut idem testis frequenter vidit et audivit et pro manifesto asserit esse Burdegale et ubique locorum.

Super duodecimo... Item, interrogatus sepedictus testis loquens an in ejus infirmitatibus et tribulationibus quas tempore ejus vite passus fuit patiens fuerit et illas libenti animo sustinuerit; dixit quod prefatum dominum Petrum contigit sic semel infirmari ut mortem ejusdem plurimi formidarent, et dictus testis loquens intravit tune cameram suam cum dicto magistro suo domino Petro Martini et vidit ipsum dominum Petrum archiepiscopum lecto procumbentem ac gravi dolore febrium seu alia infirmitate, ut fronte prima apparebat vehementer affectum inter que passiones intensas, observationibus et orationibus ad Deum et sanctos modestissime aprime fa... bus occupando se continue refovebat. Sic etiam infirmitatem predictam tollerabat ne nemo ipsi patien-

terminé ces récits, ainsi qu'il convenait à un tel et si grand Pontife, il exhortait ses familiers et serviteurs à méditer ces choses en temps et lieux opportuns. Le témoin ajoute qu'il a vu et entendu tout cela ; il affirme que ces faits sont manifestes à Bordeaux et partout.

Douzième Question. Dans ses infirmités et dans les peines de la vie, le dit seigneur Pierre fut-il patient ? Supportait-il ces choses de bon gré ?

R. Le dit seigneur Pierre fut une fois si malade, que plusieurs craignaient que la mort n'arrivât. J'entrai alors dans sa chambre avec mon maître, le dit sieur Pierre Martin, et là, je vis le saint archevêque étendu sur un lit, souffrant beaucoup de la fièvre ou d'un autre mal. Au premier abord, il paraissait très affecté, au milieu de souffrances intenses, mais il se fortifiait sans cesse par des méditations et des prières très ferventes adressées à Dieu ou aux saints. Il fut si patient dans cette maladie que personne ne peut être regardé comme pratiquant la patience mieux que lui.

Le témoin ajouta le trait sui-

tior extimari deberet. Dixit ulterius quod quando gentes civitatis Burdegale exierant extra civitatem Burdigalensem in die omnium sanctorum (?) que inter nominabatur : « *la male journade* », quo fuit magna strages civium predictorum sequta domino de Orval, eosdem adeo hostiliter et efficaciter invadente quod multi eorumdem in ore gladii ceciderunt, quorum etiam cesa corpora per eadrigiis et aliis instrumentis Burdegale post paululum tempore lamentabiliter fuere delata, quo prelibatus dominus sic fortune et neci suorum civium indoluit ut fere duobus diebus naturalibus tot... ut solus in oratione pernoctaret.

Super tertiodecimo... In collegio quod fundaverat et construi fecerat et permansit usque fati munus implevit, ac patienter sui successores prefati contumeliam et dampna innumura tulit. Hec omnia vidit testis prenominatus et asserit.

Super quartodecimo....... Item interrogatus dictus testis loquens an petentibus consilium et auxilium preberet; dixit quode sic, et se reffert

vant : Les Bordelais firent, un jour de la Toussaint (?) qui reçut le nom de « *male journade* », une sortie contre le sire d'Orval. Or, il advint que les dits citoyens essuyèrent une grande défaite, et la suite du dit seigneur les poursuivit avec grand acharnement et grand succès, si bien que beaucoup périrent par le glaive. Leurs cadavres furent transportés peu de temps après à Bordeaux, au milieu des lamentations, sur des chariots ou par d'autres moyens. Le saint archevêque eut une douleur si grande du malheur et de la mort de ses concitoyens que pendant deux fois vingt-quatre heures............ il passa les nuits seul dans la prière.

Treizième Question. Retiré dans le collège qu'il avait fondé et fait construire. Il y resta jusqu'à sa mort et souffrit patiemment les injustices et injures sans nombre de son dit successeur. — Le témoin susnommé a vu ces choses comme il l'affirme.

Quatorzième Question. Le témoin interrogé si le saint donnait conseil et secours à ceux qui les lui demandaient, répondit qu'il en était ainsi et

ad illa que superius deposuit.

Super quintodecimo.... Interrogatus ispse testis loquens an numquam populo sibi commisso Kristum Dei predicaret vel saltem ad bene agendum et Dei precepta servanda hortaretur eisque preciperet et mandaret et alia faceret que ad ipsum tanquam archiepiscopum et prelatum spectabant et pertinebant; dixit quod audivit ipsum sepius publice predicantem in ecclesia metropolitana Sancti-Andree Burdegale populum suum ad bene agendum et precepta divina servanda efficaciter exortando, suam etiam diocesim visitando ubi erat populi concursus predicationi animo volenti omnem operam dabat, prout ipse loquens vidit quam maxime in parochia sancti Laurentii, ubi sacramentum confirmationis ab eodem domino recepit et Beate Marie de Archinis, in Medulco, totamque diocesim visitavit populo Kristum Dei proponendo, exortando ac commovendo multipliciter, ceteraque solerter et provide exequendo que incumbunt tanto oneri et decet prelatum pro sua vacatione exequere, prout

se référa dans ce qu'il avait déjà dit.

Quinzième Question. Le dit seigneur Pierre prêchait-il quelquefois au peuple qui lui était confié le Christ de Dieu? la vie bonne, l'observation des préceptes divins étaient-elles du moins l'objet de ses exhortations, de ses recommandations, des volontés qu'il manifestait et son but en tout ce qu'il faisait et devait faire en tant qu'évêque et prélat.

R. Je l'ai entendu souvent prêcher publiquement, à son peuple, dans l'église métropolitaine de Bordeaux, exhortant son peuple avec efficacité à vivre comme il faut et à garder les commandements de Dieu. De même, lorsqu'il visitait son diocèse, s'il trouvait un concours de fidèle, s'il se livrait tout entier à la prédication, et de bon gré. C'est ce dont j'ai été moi-même témoin, et surtout à Saint-Laurent, où je reçus du saint la Confirmation, et à Sainte-Marie-d'Arceins, en Médoc. Le dit seigneur visita tout le diocèse prêchant au peuple Notre-Seigneur Jésus-Christ et ses exemples. exhortant, excitant à la vertu de toutes façons, faisant avec habi-

vidit et audivit latius prefatus testis, nec latet cives et diocesanos Burdegalenses.

Super sextodecimo.... Item, interrogatus ipse testis loquens an umquam de aliqua re in honesta, turpi vel non permissa fuerit diffamatus : dixit non audivisse umquam quod de regravis inhonesta fuerit diffamatus; nec de avaricia, nec simonia, nec exatione indebita notatus; ymo tanta virtutum emulatione reduvitus, ut vulgus habet, quod nephas esset maximus de tanto pastore quisquam vicii cogitare; adeo enim in suos cives bona fama et estimatione invaluit ut pro optimo, ymo sancto, ab omnibus reputetur; quod sepius et frequenter que loquens a plurimis intellexit.

Super septimodecimo... Item, interrogatus idem testis lo-

leté et avec soin tout ce qui incombe à une si grande dignité et ce qu'il convient à un prélat d'accomplir en vertu de sa vocation. Je l'ai vu, je l'ai entendu remplissant ainsi tous ses devoirs, les citoyens et diocésains de Bordeaux le savent tous.

Seizième Question. Le seigneur Pierre fut-il jamais diffamé pour une action honteuse, déshonnête ou défendue?

R. Je n'ai jamais entendu personne l'accuser sérieusement d'une action déshonnête; je ne l'ai jamais entendu citer comme avare, simoniaque ou exigeant ce qui ne lui était pas dû. Au contraire, il était si zélé dans la pratique des vertus, que, dans l'opinion du peuple, c'eût été faire un grand péché que de le soupçonner même de quelque vice. Il jouissait auprès de ses concitoyens d'une bonne renommée et d'une estime si grandes que tous le regardaient comme un homme excellent; bien plus, comme un saint. Bien souvent et fréquemment je lui ai entendu donner ces noms par un grand nombre de personnes.

Dix-septième Question. Ramenait-il ou du moins s'effor-

quens, an adversantes et inimicos adversos ac inimicos ad pacem et veram concordiam reduxerit vel saltem reducere quesiverit; se non tenere menti; audivit dixit tamen dici quod discordia gravis exorta inter cives Burdégalenses et dominum Capitem ope, diligentia ac consiliis prefatis domini Petri sedata atque optime composita.

çait-il de ramener à la paix et à la vraie concorde les adversaires ou les ennemis ?

R. Je ne me le rappelle pas. J'ai cependant entendu dire qu'une grave dispute, soulevée entre les Bordelais et le seigneur Captal fut, par les soins, conseils et diligences du dit Pierre, terminée et parfaitement apaisée.

Vitalli clare magnas fecit elemosinas ad fines ut religiosi ejusdem monasterii rogarent Deum pro salute sua dum viveret et pro sustentacione et reparacione dicti monasterii.

Il fit au monastère de Vauclaire de grandes aumônes afin que les religieux priassent pour le repos de son âme pendant sa vie, et aussi pour la subsistance des moines, et les réparations du dit monastère.

Super decimo interrogatorio dictorum interrogatorium, interrogatus dictus testis loquens, quas vestes sive quos pannos induebat, dixit ipse testis quod supra carnem portabat cilicium; desuper camisam satis delicatam, et deinde unum corsetum album sive tunicam folleratam de panno vel tela, et desuper tunicam competentem cum roqueto portabat sollemnes cappas et infulas Pontificales desuper, cum ibat per

A la dixième des dites questions, le témoin interrogé sur les habits ou les hardes que portait le saint archevêque, répondit que, sur la chair, le dit seigneur portait un cilice; par-dessus ce cilice, une chemise assez délicate puis un corset blanc, ou bien une tunique doublée d'étoffe ou de toile et par-dessus une tunique convenable à son rang, et son rochet. Il portait la chappe solennelle et les insignes épis-

civitatem sive suum diocesim. Interrogatus dictus testis loquens quomodo scit quod portabat cilicium supra carnem; respondit quod ante quam clauderet suos dies extremos predictus Petrus Archiepiscopus, diem ante, dictus testis loquens cum buxis et cum aliquibus unguentibus que ordinaverat medicus propter pleuresim seu puncturas quas patiebatur in lateribus suis eum ungebat, et sic vidit et tetigit predictum cilicium; et vix voluit permittere dictus Petrus archiepiscopus quod exuerant eum, qui semper dormiebat cum eo, et in crastino fuit deffunctus ipse archiepiscopus, et vidit ipse testis loquens in corpore ipsius Petri archiepiscopi signa dicti cilicii qualiter in humeris suis et in lateribus apparebant in pelle ejus et corpore, quia non erant nisi ossa et pellis.

Super undecimo..... interrogatus dictus testis loquens, an esset nimium loquax vel parcus et rarus in loquendo; dixit quod non nimis loquebatur nisi bonas doctrinas dando, monendo, corrigendo atque exhor-

copaux lorsqu'il allait par la ville ou voyageait dans son diocèse. — Comment savez-vous, demanda-t-on au témoin, que le saint homme portait un cilice sur la chair ? — Je le sais répondit-il, parceque avant que le dit seigneur archevêque ne terminât ses jours et la veille même de sa mort, moi-même j'oignis son corps avec de l'eau de buis et certains onguents prescrits par le médecin, à cause de la pleurésie ou des douleurs aiguës dont il souffrait dans les côtés. C'est dans cette occasion que je vis et touchai son cilice : à peine le saint évêque voulut-il permettre qu'on lui enlevât cet habit de pénitence avec lequel il couchait toujours. Le lendemain il mourut et je vis alors les marques dudit cilice sur le corps du saint, telles qu'elles paraissaient sur les épaules, sur la peau et sur le corps, car il n'avait que les os et la peau.

A la onzième question, le témoin interrogé si le seigneur Pierre était bavard, ou bien s'il parlait avec modération et rarement : répondit qu'il ne parlait pas avec excès : lorsqu'il le faisait, c'était pour ex-

tando quoscumque maxime familiares et servitores suos. Interrogatus dictus testis loquens si idem Petrus archiepiscopus dicebat aliqua verba otiosa infructuosa et inhonesta aut similia, dixit ipse testis loquens quod non audivit talia verba ab ore ejusdem Domini Petri Archiepiscopi, nisi bona verba et honesta ac divina, nec detractiones, mumurationes ac susurrationes, nec malum audire de aliis volebat, nec in eisdem gaudebat.

Super duodecimo... an in ejus infirmitatibus et tribulationibus quas tempore ejus vite passus fuit patiens fuerit, respondit quod multum pacienter sine murmure illas sustinebat. Interrogatus quomodo ipse scit, respondit quod vidit eum in infirmitatibus et sibi serviebat et quicquid sibi administrabatur cum patientia suscipiebat, nec unquam audivit ipse testis loquens quod dictus Petrus archiepiscopus malum diceret de aliquibus cibariis nec medicinis, nec contra Deum

poser la bonne doctrine, pour avertir, corriger, et exhorter tous ceux qui venaient l'entendre mais surtout ses familiers et ses serviteurs. — *Q.* Disait-il parfois des paroles inutiles, sans fruit, deshonnêtes ou autres de même genre? — *R.* Je n'ai jamais entendu ledit seigneur Archevêque parler de la sorte; il ne prononçait que des paroles bonnes, honnêtes et divines. Il ne médisait jamais, ne murmurait pas, ne disait rien en secret contre le prochain : il n'aimait point non plus entendre dire du mal d'autrui et n'aimait pas chez le prochain ces défauts qu'il évitait lui-même.

A la douzième question, le témoin à qui l'on demandait si ledit seigneur dans ses maladies et dans les peines de sa vie, avait été patient, répondit qu'il souffrait tous ces maux avec beaucoup de patience et sans murmurer. — Comment savez-vous ces choses, demanda-t-on? — Je les sais parce que pendant ses maladies j'ai vu le saint et je le servais. Tout ce que je lui présentais, il le prenait patiemment; jamais je ne l'ai entendu se plaindre du mauvais goût de quelque

murmuraret nec se per impacientiam frangeret, sed de omnibus gracias Deo referebat et eum benedicebat et omnia mala libenti animo sustinebat pacienter.

Super decimo tertio... an importunos sustinuerit et injuriantibus sibi injurias remiserit et pepercerit; dixit quod libenter injurias sibi factas aut dictas patienter audiebat et eas libenti animo et ex corde illas remittebat cuicumque sibi petenti injurias remitti et indifferenter, cuicumque : specialiter et expresse recordabatur de quodam hospite loci Nostre-Domine de Mymisano Burdegale, dum dictam ecclesiam de Mymisano idem Petrus archiepiscopus visitasset, et refectionem sumpsisset cum sua comitiva; et cum computassent cum hospite pro vino modico, fecit eisdem solvere decem francos monete currentis Burdegale, quos item archiepiscopus Petrus persolvit patienter et sine murmure. Accidit casus quod dictus hospes verberaverit quemdam clericum in dicta Ecclesia de Mymisano et accessit idem hospes ad dictum

aliment que ce fût, ou d'une médecine quelconque; il ne murmurait point contre Dieu, ne tombait dans aucune impatience, mais toujours rendait grâces à Dieu, le bénissait et supportait toutes ses douleurs avec patience et de bon cœur.

La treizième question posée fut si ledit seigneur Pierre savait supporter les importuns, s'il remettait et pardonnait les injures qui lui étaient faites.

Le témoin répondit : Il recevait avec patience les injures que certains lui faisaient ou disaient. C'est de bon gré et de tout cœur qu'il pardonnait à ceux qui imploraient sa miséricorde, et indifféremment à tous. Je me souviens spécialement et clairement du fait qui lui arriva de la part d'un certain hôtelier de Notre-Dame de Mymisan du diocèse de Bordeaux. Le saint Archevêque étant venu visiter cette église et ayant pris son repas, avec sa suite, chez cet homme, lorsque l'on compta la dépense, pour un peu de vin on exigea dix francs de la monnaie courante bordelaise, que ledit seigneur paya avec patience et sans murmurer. Or, il arriva que ledit hôte frappa un clerc

Petrum archiepiscopum pro absolutione obtinenda et reconciliatione dicte Ecclesie facienda, et tunc aliquis de servitoribus dicti Petri archiepiscopi dixerunt : « Iste est hospes de Mymisano qui fecit vobis talem injuriam, modo solvat illos decem francos pro vino et alia que recepit de superfluo a vobis. » Dictus que Petrus archiepiscopus, ut pius dominus et bonus pater subridendo, omnia eidem hospiti remisit misericorditer et eum caritative recepit ac eum absolvit, et reconciliari dictam Ecclesiam percepit, neque denarium recipere voluit neque malum pro malo reddidit, sed tantum petiit sibi unum piscem at apportaret, lucrum vulgariter vocatum, dum veniret Burdegalam; multa et alia similia sibi contengebant.

Super decimo quarto.... an petentibus consilium et auxilium preberet; respondit quod libenti animo et cum gaudio omnibus ad eum accedentibus et potius pauperibus quam divitibus, rusticis quam nobilibus se exhibebat, et eis auxilium et consilium secundum gratiam

dans ladite église de Mymisan et il dut venir trouver l'archevêque pour obtenir l'absolution pour lui, et la réconciliation pour l'Église. Pendant qu'il parlait au saint, quelques-uns des serviteurs dirent : « C'est là l'hôtelier de Mymisan qui vous fit telle injure : qu'il rende maintenant les dix francs et le reste qu'il exigea en trop de vous pour le vin. » Mais le saint, comme un doux maître et un bon Père, sourit, pardonna tout miséricordieusement à son hôte, le reçut avec charité, lui accorda l'absolution et ordonna de le réconcilier à l'Église, tout cela sans recevoir un denier, sans rendre le mal pour le mal. Il voulut seulement que le coupable apportât un poisson, de ceux que l'on appelle vulgairement « brochets » la première fois qu'il viendrait à Bordeaux. Beaucoup de cas du même genre se produisirent.

La quatorzième question fut si ledit seigneur Pierre donnait secours et conseil à ceux qui les leur demandaient.

C'est de bon gré, répondit le témoin, que le saint archevêque se mettait à la disposition de tous ceux qui venaient à lui, des pauvres plutôt que des

a Domino sibi datam et casuum exigentiam eisdem dabat, nec alicui se denegabat, nec ausus erat aliquis servitor denegare aditum ad eum, loco et tempore opportunis, dum non esset occupatus in dicendo suum divinum officium aut in aliis orationibus privatis persisteret..

Super decimo quinto.... an unquam populo sibi commisso verbum Dei predicaret; respondit quod sit multociens. Interrogatus ubi, respondit quod in Ecclesia Cathedrali Sancti-Andree Burdegale, sponsa sua, et in aliis ecclesiis ejusdem civitatis et circumvicinis ; et etiam audivit quod dum visitaret per diocesim suam, in omnibus ecclesiis suis predicabat, et populum suum et subditos suos ad bene agendum et Dei precept ——inducebat et ortabatur et excitabat ad omnia ——— que ad ipsum archiepiscopum et bonun prela,um spectabant et pertinebant. Adhuc addit quod quando ipse non personaliter ——— aduc mute-

riches, des paysans plutôt que de ceux dont la naissance était distinguée. Il les secourait et conseillait selon la grâce que Dieu lui en donnait et selon les besoins de chacun ; il ne se refusait à personne et aucun de ses serviteurs n'eût osé interdire l'accès auprès de lui en temps et lieu convenables, pourvu qu'il ne fût pas occupé à réciter le saint office ou à faire les autres prières particulières qu'il était accoutumé de faire.

Dans la quinzième question, on demandait au témoin si le seigneur archevêque ne prêchait jamais la parole de Dieu à ses ouailles ? il répondit que le saint prêchait fréquemment — Où, demanda-t-on ? — Dans l'église cathédrale de Saint-André de Bordeaux son épouse, répondit-il, et dans les autres églises de la cité et des environs. Le témoin l'a entendu dans la visite du diocèse prêcher dans toutes les églises où il allait. Le saint exhortait son peuple, et ceux qui lui étaient soumis à bien vivre et à observer les préceptes de Dieu. Il les exhortait aussi et excitait à bien faire, dans toutes les choses qui touchaient au bien

bat magistros ——— ad informandum populum suum et visitandum et ad bonum annuandum et circumquaque ipsemet accedebat per ——— antequam spiritum redderet Deo.

Super decimo sexto.... an unquam de aliqua re inhonesta, turpi vel non permissa fuerit diffamatus ; respondit quod nunquam audivit, nec per se nec per alium, etiam vidit quod de aliqua re inhonesta aut turpi infamia fuerit anotatus, nec nisi bonum et honestum audivit de persona sua quascumque.

Super decimo septimo.... an adversantes ad invicem odiosos ac inimicos ad pacem et veram concordiam reduxerit; respondit quod de hoc erat sibi diligens cura et ad hoc vacabat libenti animo, ad concordandum et pacificandum quoscumque malivolos et discordes, sive ecclesiasticos sive seculares, magnates et burgenses, et pauperes ac divites

public et dont il avait à s'occuper en tant qu'archevêque. Lorsqu'il ne pouvait y aller lui-même, ajoute la personne interrogée, il envoyait vers son troupeau des maîtres pour l'instruire, le visiter, l'exciter au bien. Lui-même, avant de rendre son âme à Dieu, allait partout dans son diocèse.

La seizième question était ainsi conçue : Ledit Seigneur Pierre fut-il diffamé pour quelque action deshonnête, honteuse ou défendue ? Le témoin répondit : Je n'ai jamais entendu dire rien de semblable ; ni par moi ni par d'autres je n'ai vu qu'il fût accusé de quelque action deshonnête ou quelque chose de honteux et d'infâme. Tous ceux qui m'ont parlé de lui le représentaient comme bon et honnête.

Sur la dix-septième question qui était si ledit Seigneur Pierre, pendant sa vie, ramenait à la vraie concorde et à la paix les ennemis et ceux qui avaient de la haine les uns contre les autres, le témoin interrogé répondit que le saint mettait à faire cela un très grand soin et qu'il s'y donnait de bon cœur, s'appliquant à rétablir la concorde et à paci-

cujuscumque status et condicionis essent. Interrogatus dictus testis loquens an recordaretur de aliquibus, respondit quod tot confluebant ad eum quod de nominibus propriis non recordatur et cognominibus.

Super decimo octavo... an idem Petrus toto tempore quo in humanis egit et usque ad ejus obitum, virtuose et laudabiliter et absque fama alicujus note sive macule vixerit; respondit quod laudabiliter et virtuose vixit, et vitam suam laudabilem finivit absque nota nec oppositum unquam ab aliquo.

Super decimo nono.... an tempore ejus obitus fuerit pro optimo et bono viro habitus, dixit quod ——— in vita repu-

fier ceux qui se voulaient du mal et étaient en discorde, qu'ils fussent ecclésiastiques ou séculiers, seigneurs ou bourgeois, pauvres ou riches, de quelque état ou condition qu'ils fussent. — Vous souvenez-vous spécialement de quelques ennemis réconciliés par lui, demanda-t-on au témoin ? — Un si grand nombre de personnes recourait audit seigneur, répondit-il, que je ne me rappelle ni les noms propres ni les surnoms.

Sur la dix-huitième question qui était si le même seigneur Pierre, pendant tout le temps qu'il passa sur la terre et jusqu'à sa mort, avait vécu d'une manière vertueuse et digne d'éloges, sans que sa vie fût souillée de quelque tache, le témoin répondit que le saint Archevêque avait vécu en effet d'une manière vertueuse, qu'il avait mérité tous les éloges et qu'il était mort sans avoir souillé son existence d'aucune tache. Le témoin n'a jamais entendu dire le contraire.

La dix-neuvième question fut celle-ci : Au temps de sa mort le seigneur Pierre était-il regardé comme un homme

tatus fuit———et honeste vite et laudabilis pariter etiam —— confessus fuit ac sacramentum Eucaristie————reverenter accepit signis———	bon et excellent?— Le témoin répondit que (1)—pendant sa vie il fut regardé comme—— vivant d'une vie honnête et digne de louanges ——— Il se confessa et reçut le sacrement de l'Eucharistie avec les signes d'un grand respect ———

(1) Les lignes terminées par un trait indiquent des lacunes dans le dossier de l'enquête.

CHAPITRE XII

Exposé et discussion des différentes causes qui ont empêché de poursuivre et de terminer la canonisation de Pey-Berland. Supplique destinée au Souverain Pontife, pour la reprise de cette canonisation.

Nous sommes, maintenant, arrivés à une époque des plus critiques et des plus agitées, pour la France et l'Italie. La guerre est partout : toutes les classes de la société, fascinées par des chimères, se laissent entraîner dans un courant d'idées belliqueuses et subversives. Louis XI, si dévoué à la cause de Pey Berland, vient de descendre dans la tombe, au château de Du Plessis-les-Tours (1483) au milieu des angoisses et des terreurs de la mort, malgré les saintes et consolantes exhortations du célèbre solitaire de la Calabre, saint François de Paule ; il laisse le trône à son fils Charles, à peine âgé de treize ans : la régence du royaume est confiée à sa fille aînée, Anne de Beaujeu ; cette princesse, douée d'un caractère énergique et de talents supérieurs, lutte, pendant plusieurs années, contre les révoltes ambitieuses du duc d'Orléans qui lui dispute le pouvoir ; elle le fait enfin prisonnier à la bataille de Saint-Aubin du Cormier (1488). Les devoirs de la régence si compliqués et si lourds pour une femme l'absorbent tellement qu'elle ne s'occupe que faiblement à poursuivre en Cour de Rome la canonisation de l'archevêque de Bordeaux.

L'Italie est remplie, elle aussi, de troubles et d'intrigues causées par les querelles incessantes des princes qui se la partagent; le trône pontifical est occupé depuis la mort d'Innocent VIII (1492) par Alexandre VI; ce pontife passe une partie de son règne à guerroyer pour agrandir ses états. La cause de Pey Berland, en si bonne voie de réussite, subit forcément un temps d'arrêt, malgré les efforts des bordelais et les sacrifices qu'ils s'imposent pour la mener à bonne fin; car c'est dans ce but que les trois états de Guienne assemblés à Bordeaux, au mois de juin 1483, votent une somme de trois mille cinq cents livres tournois, dont la répartition est faite entre toutes les communautés de la province.

A peine Charles VIII a-t-il atteint l'âge fixé pour la majorité des rois de France, qu'il s'affranchit de la tutelle de sa sœur, et saisit d'une main ferme les rênes du gouvernement de son royaume : un de ses premiers soins, 16 septembre 1491, est d'envoyer, d'accord avec le cardinal André d'Espinay, archevêque de Bordeaux (1), des commissaires à Rome chargés de presser la canonisation de Pey Berland; mais ces démarches restent sans résultat. Les troubles de l'Italie se font vivement sentir dans la ville éternelle; le pape est débordé et son

---

(1) L'archevêque André D'Espinay était l'ami de Charles VIII.

gouvernement paralysé par les intrigues des factions.

Les esprits, en Italie, sont, en général, peu favorables aux français : le bruit des nombreux armements que fait Charles VIII pour aller conquérir le royaume de Naples, sur lequel il croit avoir des droits par la mort du dernier descendant de la maison d'Anjou, porte le trouble et la crainte dans les familles régnantes de la Péninsule; Alexandre VI, lui-même, tremble pour ses états et encore plus pour sa personne et son pouvoir de pontife, car il a entendu les mots de concile et de dépositions; les circonstances ne sont donc nullement propices pour tenir des consistoires qui demandent toujours la paix et la sécurité afin de traiter, en pleine liberté, des questions aussi graves que le sont celles d'une canonisation.

Charles VIII, séduit par l'appât que l'Italie a toujours présenté aux rois de France, part pour ce pays, à la tête d'une forte armée (1494) : depuis la descente du Mont Genèvre jusqu'à Naples, sa marche triomphale est celle d'un vainqueur devant lequel les princes et les peuples s'inclinent et se soumettent sans résistance à la voix prophétique du tribun de Florence (1); il s'empare, sans résistance, de ce royaume avec tant de facilité et de promptitude qu'il peut dire en entrant dans sa capitale, comme César après la bataille de Pharsale : *veni, vidi, vici.* Je suis venu, j'ai vu, j'ai vaincu.

---

(1) Le Dominicain Savonarole, brûlé vif, pour avoir critiqué la conduite d'A..., châtiment terrible ! mais, c'était dans les mœurs barbares de l'époque.

Mais si la conquête de ce royaume a été prompte, sa perte le sera encore plus : les princes italiens, effrayés de la dure domination que la France fait peser sur leur patrie, forment une redoutable coalition pour en chasser les Français qui se sont rendus odieux par leur cruauté et le pillage. Charles VIII, averti du danger qui le menace, fait promptement ses préparatifs de départ pour la France ; il laisse quatre mille hommes dans Naples, sous le commandement du duc de Montpensier, et à la tête du reste de son armée, qui ne dépasse pas neuf mille hommes, il se dirige vers Rome, dans la pensée d'avoir une entrevue avec le Pape pour le prier instamment de terminer la canonisation de l'Archevêque de Bordeaux. A la nouvelle de l'approche de l'armée française, Alexandre s'éloigne de sa capitale. Charles lui rend ses villes, sans conditions, et continue sa marche vers ses états. A la descente des Apennins, près de Fornoue, il rencontre les confédérés au nombre de quarante mille hommes ; le danger est grand, pressant ; il faut vaincre ou mourir. Les Français, électrisés par la présence et le courage de leur jeune roi, attaquent résolûment les ennemis ; ils se battent tous comme des héros, et en moins d'une heure, leur tuent trois mille hommes et mettent le reste de leur armée en déroute ; eux ne perdent que deux cents des leurs.

Charles VIII, couvert de gloire par cette éclatante victoire, rentre dans son royaume ; mais à peine est-il arrivé à Lyon qu'il apprend la perte de sa conquête. Gonzalve de Cordoue, le terrible vainqueur de Grenade et des Maures, s'empare sans peine de Naples, et force à la retraite le peu de Français qui s'y trouvent.

Après le récit succinct de ces événements, qui nous a paru nécessaire, quoique, en un sens, étranger à notre sujet, pour donner une idée exacte de la situation de l'époque, on comprend sans peine, comment la canonisation de Pey Berland n'a pu être achevée, ni sous la régence d'Anne de Beaujeu, ni du vivant de Charles VIII sous le pontificat d'Alexandre VI. Elle n'aura pas plus de chances de succès sous les successeurs de ce pontife : Pie III et Jules II ; le premier, gravement malade lors de son avènement au trône pontifical, ne régna que dix-sept jours.

Le successeur de Charles VIII, Louis XII, portera, lui aussi, la guerre en Italie : elle sera longue et marquée par des victoires et des revers. Le pape Jules II est constamment dominé par le désir d'affranchir sa patrie de toute domination étrangère, et surtout de celle des Français. C'est dans ce but qu'il se ligue, contre eux, avec les Espagnols, les Vénitiens, et quelques autres princes. Comme sous le pontificat d'Alexandre VI, les circonstances sont peu propices pour poursuivre et terminer la canonisation de notre archevêque.

Ces guerres de l'Italie sont à peine apaisées et non terminées, car elles continueront encore, sous le règne de François Ier, que déjà on entend gronder les orages que le protestantisme va déchaîner sur les deux tiers de l'Europe.

Les hommes clairvoyants et qui raisonnent sont inquiets et dans l'attente d'événements sinistres. La cour de Rome s'en préoccupe si fort qu'elle ajourne indéfiniment la cause de notre saint archevêque. Cette cause d'un enfant de notre pays, interrompue depuis quatre cents ans, et non abandonnée, attend qu'une main ferme, intelligente et dévouée la reprenne pour l'introduire de nouveau en cour de Rome.

Ce fut dans cette douce espérance que nous rédigeâmes, il y a cinq ans (1879), une déclaration sous forme de supplique pour constater, par le témoignage solennel de son Éminence le cardinal Donnet, de son coadjuteur Mgr de La Bouillerie; des vicaires généraux; des membres du Chapitre de l'église métropolitaine et d'un grand nombre de chanoines honoraires dont plusieurs curés de Bordeaux, que l'archevêque Pierre Berland (vulgairement appelé Pey Berland), a toujours été tenu pour un saint et constamment qualifié de bienheureux par le peuple bordelais :

Declaratio facta per Eminentissimum Ferdinandum Franciscum, Augustum Donnet, Romanæ ecclesiæ Cardinalem Presbyterum, tituli sanctæ Mariæ in viâ, archiepiscopum Burdigalensem, aquitaniæ primatem; per Reverendissimum Franciscum de la Bouillerie, archiepiscopum Pergensem Eminentissimi Cardinalis archiepiscopi Burdigalensis, coadjutorem; per vicarios generales Reverendissimi et Eminentissimi Cardinalis Donnet archiepiscopi Burdigalensis; nec non percanonicos metropolitanæ ecclesiæ Aquitaniæ provinciæ capituli ; testantes archiepiscopum Petrum Berlandi (vulgo dictum Pey Berland) semper sanctum habitum fuisse, et appellatum indesinenter *Beatum*, a Populo Burdigalensi.

Sequitur declaratio in formâ :

Nos Ferdinandus Franciscus Augustus, miseratione divinâ tituli sanctæ Mariæ in *viâ* Presbyter Cardinalis Donnet archiepiscopus Burdigalensis Aquitaniæ Primas.

Franciscus de la Bouillerie, archiepiscopus Pergensis, Eminentissimi Cardinalis archiepiscopi Burdigalensis Coadjutor :

Vicarii generales Eminentissimi Cardinalis archiepiscopi Burdigalensis ;

Canonici Ecclesiæ metropolitanæ :

Declaramus et Jure Jurando firmatum volumus, archiepiscopum Petrum Berlandi (vulgo dictum ' Pey-Berland) qui olim ab anno millesimo quadringentesimo tricesimo ad annum ejusdem sæculi quinquagesimum sextum, Burdigalensem rexit ecclesiam, omni citrà memoriam tempore, a populo hujus urbis et diœceseos, propter singulares et heroïcas virtutes, mirandam sanctitatem, et innumera prope ad ejus sepulcrum patrata miracula, sanctum habitum fuisse et *beatum* semper appellatum.

Burdigalæ, die 27 decembris 1879.

Nous, Ferdinand François Auguste Donnet, par la miséricorde divine, Cardinal prêtre du titre de Sainte-Marie *in viâ* archevêque de Bordeaux, Primat d'Aquitaine.

François de la Bouillerie, archevêque de Perga, Coadjuteur de l'Eminentissime cardinal archevêque de Bordeaux, Primat d'Aquitaine ;

Les chanoines de l'église métropolitaine ;

Déclarons et affirmons par serment, que l'archevêque Pierre Berland (vulgairement appelé Pey Berland), qui gouverna l'Eglise de Bordeaux depuis 1430 jusqu'à l'année 1456, a toujours été, et de temps immémorial, regardé comme un saint et qualifié de bienheureux, par le peuple de cette ville et de tout le diocèse, à cause de ses vertus héroïques, de son éminente sainteté et des innombrables miracles opérés à son tombeau.

Bordeaux, le 27 décembre 1879.

† Ferdinand, cardinal Donnet, archevêque de Bordeaux.
† François, archevêque de Perga, coadjuteur de Bordeaux.
† Mgr Bellot des Minières, évêque de Poitiers.

Buche, vicaire général.
Martial, vicaire général (décédé).
A. Ch. Petit, vicaire général.
P. Henneton, chanoine titulaire et doyen du Chapitre.
A. Audoin, chanoine titulaire.
A. Bacca-Nérac, chanoine titulaire.
E. Raymond, chanoine titulaire, archiprêtre de l'église Primatiale.
H. Gallot, chanoine titulaire.
F. Marès, chanoine titulaire.
Dubroca, chanoine titulaire.
Duffau, chanoine titulaire.
P. Gervais, ancien vicaire général, chanoine titulaire.
P. J. Buchou, chanoine honoraire, vicaire général honoraire.
Dénéchaud, chanoine honoraire, vicaire général honoraire, supérieur du Petit-Séminaire.
Delmas, supérieur du Grand-Séminaire de Toulouse.
J.-B. Meynard, chanoine honoraire, curé de Saint-Michel de Bordeaux (décédé).
Gaussens, chan. hon., archiprêtre de la basilique de St-Seurin.
Cirot de la Ville, camérier secret de Sa Sainteté le Pape, professeur-doyen de la Faculté de Théologie, chanoine honoraire.
Charlot, chanoine honoraire, professeur à la Faculté de Théologie.
Joseph-Gaston de Laborie, chanoine honoraire, ancien professeur au Petit-Séminaire.
J. Laprie, chanoine honoraire, professeur à la Faculté de Théologie.
B. Thibaut, chanoine honoraire, professeur à la Faculté de Théologie (décédé).
J. Callen, chanoine honoraire, professeur à la Faculté de Théologie.
J. Beau, chanoine honoraire, professeur à la Faculté de Théologie.
Donis, chanoine honoraire, curé de Saint-Louis de Bordeaux.
L. Belleville, chanoine honoraire, curé de Notre-Dame de Bordeaux.
Parenteau, prélat romain, chanoine honoraire, curé de Sainte-Eulalie de Bordeaux.
Pauly, chanoine honoraire, curé de Saint-Éloi de Bordeaux.

Raymond, chanoine honoraire, curé de Saint-Paul de Bordeaux.
A. Gallibert, chanoine honoraire, curé de Sainte-Croix de Bordeaux (décédé).
Ouelly, chanoine honoraire.
Bornet, proto-notaire, chanoine honoraire (décédé).
Pardiac, chanoine honoraire.
Jeannin, chanoine honoraire.
E. Gaussens, jeune, chanoine honoraire,
C. de Létang, chanoine honoraire.
A. Lalande, chanoine honoraire.
Dupeyron, chanoine honoraire.
P. Raymond, chanoine honoraire.
R. Menou, chanoine honoraire.
Deydou, chanoine honoraire, curé d'Ambarès.
L'abbé Couteau, chanoine honoraire.
L'abbé Corbin, chanoine honoraire.

CHAPITRE XIII

APPENDICE

Expédition courageuse de Pey Berland, pour délivrer Élie de Bourdeille, évêque de Périgueux, des mains des Anglais. Il lui donne une généreuse hospitalité. — Bourdeille revient à sa ville épiscopale : il est reçu avec enthousiasme. — Testament de Pey Berland.

Avant de clore notre travail sur Pey Berland, nous croyons, pour l'édification de nos lecteurs, devoir reproduire, ici, un épisode de sa vie que nous avons publié dans la *Revue Catholique* du 1ᵉʳ décembre 1883 : il s'agit de la délivrance d'Elie de Bourdeille que les Anglais emmenaient en captivité. Le dévouement de notre saint archevêque, pour le prochain, alla quelquefois jusqu'à l'héroïsme, comme le montre le fait, vraiment extraordinaire, que nous allons raconter : mais avant, nous devons faire connaître, en peu de mots, les nombreuses vexations que les Bordelais avaient à subir dans les dernières années de la domination anglaise.

Dans leur guerre longue et acharnée avec la France, les Anglais, battus sur presque tous les points du territoire de l'Aquitaine, comprirent qu'ils ne pourraient pas conserver longtemps cette riche province, le plus beau fleuron de la couronne de leurs rois, et qu'avant peu elle tomberait, infailliblement pour toujours, au pouvoir des Français. Dans cette prévision, qui n'était pas dénuée de fondement, ils voulurent s'assurer de quelques dédommagements à cette perte dont les conséquences devaient leur être si préjudiciables. Pour mettre à exécution leur odieux et inique projet, ils firent partir, de gré ou de force, pour l'Angleterre, un grand nombre de riches seigneurs et de bourgeois de Bordeaux, afin que la rançon de leurs captifs, pour recouvrer leur liberté, pût les dédommager en partie de la perte de l'Aquitaine. Non contents de ces odieuses vexations, ils établirent à Bordeaux des impôts excessifs, et firent fondre l'argenterie des églises, les croix d'or et d'argent, mêmes les reliquaires; les cloches eurent le même sort (1). Ils s'emparèrent des papiers qui intéressaient les familles et les couvents; peu de Chartes échappèrent à leur rapacité (2).

Mais ce qui révolte la conscience honnête et le sentiment d'honneur, plus encore que ces pillages sacrilèges, c'est la conduite indigne qu'ils tinrent deux ans auparavant (1448) à l'égard d'Elie de Bourdeille, évêque de

---

(1) Dom de Vienne, et autres historiens de Bordeaux.
(2) Ces papiers se trouvent en grande partie à Cheltenham, dans le duché de Glocester, en Angleterre, où réside un ministre anglican possesseur de vingt-huit mille manuscrits, au nombre desquels se trouvent quantité de chartes concernant Bordeaux; c'est ce que nous écrivait, il y a trois ans, le propriétaire de cette monumentale bibliothèque, au sujet de quelques renseignements que nous lui avions demandés concernant l'enquête pour la canonisation de Pey Berland.

Périgueux, lorsque ce vénérable prélat, accompagné de l'abbé de Brantôme et de quelques autres ecclésiastiques, allait sans méfiance réconcilier l'église de Saint-Antoine qui avait été polluée par des meurtres que le Bâtard de Gramon, anglais, y avait commis ; cet homme, vrai suppôt de satan, qui commandait dans le château d'Auberoche, se jeta inopinément sur lui et le fit prisonnier de guerre, lui accordant à peine un de ses prêtres pour le servir.

Après quelques jours de détention au château d'Auberoche, où il eut plus à souffrir des blasphèmes qu'on proférait à dessein en sa présence que de tous les autres mauvais traitements qu'on lui faisait subir (1), il fut transféré au château de Laroche-Chalais ; mais ses ennemis, craignant que son frère, sénéchal de la province, ne vînt assiéger et forcer la place pour le délivrer, le dirigèrent sur Libourne, pour de là l'envoyer en Angleterre, afin de lui faire payer une forte rançon en échange de la liberté.

Pey Berland apprend la situation critique de son suffragant que ces rapaces insulaires amènent en captivité ; son noble cœur s'émeut, sa charité s'exalte et s'élève à la hauteur du plus hardi courage ; il prend aussitôt une résolution qui pourrait passer pour de la témérité, si on ne savait que Dieu dirige toujours la conduite de ses saints, lorsqu'ils se dévouent pour sauver leurs frères ;

---

(1) On se vengeait ainsi de la loi sévère qu'il avait portée, dans son diocèse, contre le blasphème.

il réunit à la hâte quelques hommes courageux et bien déterminés, se met à leur tête et, contrairement à son habitude, il monte à cheval pour arriver plus promptement au secours de son frère dans l'épiscopat ; d'un moment à l'autre, celui-ci peut devenir victime de la fureur des Anglais, comme il l'a été de leur déloyauté. Pey Berland dirige lui-même cette entreprise périlleuse avec tant de promptitude, d'habileté et de courage, qu'elle a un plein succès ; un vieux et grand capitaine n'eût pas mieux agi : il rencontre les Anglais à quelques kilomètres de Libourne qui emmènent Elie de Bourdeille en captivité ; sa petite troupe, animée par sa présence, les attaquent avec tant d'énergie et de vigueur, que, par un effet manifeste de la divine Providence, saisis subitement d'une terreur panique, les ennemis prennent la fuite, sans même songer à se défendre, et laissent leur prisonnier en liberté.

Pey Berland embrasse avec effusion son noble ami, verse des larmes d'attendrissement, brise ses chaînes, et tous deux tombent à genoux pour remercier Dieu de les avoir si visiblement secourus sans effusion de sang.

Ils reprennent tous, pleins de joie, la route de Libourne, où, étant arrivés en quelques heures, Pierre Berland fait monter son suffragant sur un bateau avec une partie de ses hommes et ordonne aux matelots de faire force de rames vers Bordeaux.

Pour lui, il s'y dirige en toute hâte, par la voie de terre, avec le reste de sa petite troupe, afin d'y être à temps pour recevoir l'évêque de Périgueux.

En effet, à peine est-il arrivé, que, sans prendre ni repos ni nourriture, il réunit tout son clergé, convoque le corps de ville et se rend, à leur tête, au port, pour recevoir avec honneur Elie de Bourdeille (1). A la nouvelle de ce grand événement, une partie de la population était accourue pour être témoin de ce grand spectacle. L'archevêque prend son ami à la descente du bateau et le conduit à son palais archiépiscopal où il lui offre l'hospitalité la plus généreuse et la plus cordiale. Il voulut même pour célébrer sa délivrance, donner quelques petites fêtes, auxquelles il convia les principaux membres du clergé et de la noblesse.

Ce ne fut qu'à la faveur de la paix rétablie dans toute l'étendue de la Guienne après le départ des anglais, 1453, que le digne évêque de Périgueux put revenir à sa ville épiscopale, où il fut reçu avec un enthousiasme qui rappelait celui de Constantinople et d'Alexandrie, lorsque les Chrysostôme et les Athanase revinrent de leur exil.

---

(1) Élie de Bourdeille, issu de l'antique et illustre famille des seigneurs de Bourdeille, en Périgord, naquit vers l'an 1422, au château d'Agonac, près de Périgueux : à l'âge de dix ans, il entra dans l'Ordre des Franciscains ; il était à la résidence de Mirepoix (1447), lorsque les chanoines de la cathédrale de Périgueux l'élurent, à l'âge de vingt-quatre ans, pour leur évêque ; il fallut un ordre formel du Pape Eugène IV, pour lui faire accepter la redoutable charge de l'épiscopat.

Louis XI, connaissant son grand mérite, le transféra, quelques années après, avec l'agrément du Souverain Pontife, à l'archevêché de Tours ; le prit pour son confesseur et lui obtint, du Saint-Siège, la pourpre Romaine.

Les Tourangeaux, après l'avoir aimé et vénéré pendant sa vie, l'invoquèrent, de suite après sa mort, comme un saint. Il s'est opéré un grand nombre de miracles à son tombeau, comme à celui de Pey Berland, son ami, et la cause de canonisation de ces deux grands évêques est toujours pendante en Cour de Rome. *Oh ! impénétrables desseins de Dieu !*

TESTAMENT DE PEY BERLAND

Nous terminons notre ouvrage par la publication du testament de Pey Berland : latin et français (1).

Les legs nombreux faits en faveur des églises, des couvents, des pauvres, du collège de Saint-Raphaël, de l'hôpital Saint-Pierre, des lépreux, et des personnes de sa maison, nous montrent qu'il avait acquis des biens considérables dont les revenus servaient à alimenter ses œuvres si nombreuses; à nourrir des milliers de pauvres, et à soulager quantité de familles autrefois dans l'opulence, mais réduites à l'indigence par les ravages de la guerre; les ressources seules de son archevêché auraient été insuffisantes pour remédier à tant de maux, et à opérer ces prodiges de la charité évangélique qui font le caractère dominant de son épiscopat.

Il ne laisse à sa famille, qu'il n'a pas enrichie, que sa portion du petit héritage paternel consistant en une maisonnette, quelques lopins de mauvaises terres, et

---

(1) Ce testament était devenu si rare et si peu connu qu'il nous eût été bien difficile, si non impossible, de nous le procurer, lorsque une personne que nous ne connaissons pas nous l'a envoyé : c'est une copie faite et écrite sur l'original en 1628, de la main même du savant abbé Bertheau, secrétaire et vicaire-général du cardinal de Sourdis. Son écriture et sa signature sont parfaitement connues des habiles archivistes de la rue D'Aviau.

Par la publicité que nous donnons à ce beau et peut être unique monument, en ce genre, du quinzième siècle, nous le sauvons d'un oubli total.

Nous adressons, ici, nos bien sincères remerciments à la personne qui a eu la bonne idée et la gracieuseté de nous le communiquer.

une habitation de peu de valeur qu'il avait acquise pour elle dans l'ancienne paroisse de Saint-Paul (1).

Admirable saint, eussiez-vous de nombreux imitateurs !

TEXTE LATIN

In nomine Domini nostri Jesu Christi, amen : Universis et singulis modernis pariter et futuris præsens instrumentum publicum universis lecturis et etiam audituris Milo Dilhiers utruisque juris doctor, decanus Carnotensis, christianissimi regis Franciæ in sua parlamenti curia consiliarius, vicarius generalis in spiritualibus et temporalibus reverendissimi in Christo patris et domini domini Blasii miseratione divina archiepiscopi Burdigalensi modernus, salutem, pacem et gaudium in authore pacis uno Deo domino Jesu Christo qui sibi sponsam unam sanctam Ecclesiam catholicam suo pretioso sanguine fabricavit et fidem indubiam præsentibus adhibere.

Noveritis quod ad nostram accedentes præsentiam venerabiles et discreti viri domini Petrus Martini eleemosynarius, Galhardus Martini sacrista in ecclesia S. Andreæ Burdigalensis, Raymundus deu Godet, Leonardus de Segonas, præsbiteri executores et nomine executorio ultimi testamenti solemnis seu supremæ voluntatis quondam Reverendissimi in Christo patris et domini domini Petri miseratione divina olim archiepiscopi

---

(1) L'église de cette petite paroisse était bâtie sur l'emplacement occupé actuellement par le palais archiépiscopal, ancienne demeure du gouverneur; la caserne municipale remplace le collège de Saint-Raphaël transporté, en 1778, en face de l'église Sainte-Eulalie, où l'on put lui donner de plus vastes proportions et jouir d'un air plus salubre.

Le prince de Rohan, archevêque de Bordeaux (1769-1781), en fit son petit séminaire diocésain. A la Révolution, le gouvernement s'en empara comme bien de l'Église.

Sous l'empire, il fut affecté au logement des troupes; plus tard on le transforma en hôpital militaire. Napoléon Ier le donna à la ville; pendant longtemps, il a servi de caserne. Tout le monde connait sa destination actuelle : il sert d'école provisoire de médecine ; l'Hôtel-Dieu s'est agrandi à son détriment.

Burdigalensi, nunc de præsente supra terram defuncti, prædictum ultimum testamentum solemne sive dispositionem æternam et codicillum ultimum etiam prelibatum dominum Petrum dum vitam gerebat inhumanis conditos et ordinatos in duabus papyri sedulis clausos, videlicet dictum testamentum die sabathi quinta die mensis februari anno incarnati verbi millesimo quadringentesimo quinquagesimo sexto et perpetuum de Landa notarium publicum et super signatum sigillis et septem testium qui in clausura prædictorum testamenti et codicilli fuerunt præsentes, ut per scripturam dictorum testium tunc coram nobis præsentium nobis aparuit et vidimus contineri quorum quidem testium nomina et cognomina dicti testamenti sunt hæc quæ sequuntur.

Primo domini Guilhelmus de Curia, Bernardus Depuy, Johannes Fabri, vicarius ecclesiæ Sanctæ-Colombæ Burdigalensi, Arnaldus Vitalis, Johannes Peysoni, Petrus Gombaudi et Jacobus Filhoni præsbiterii, et dictus codicillus fuit clausus die martis duodecima mensis julii, anno Domini millesimo quadringentesimo quinquagesimo septimo, et prædictum Petrum de Landa notarium etiam de super signatus et sigillis dominorum Johannis de Lapoyada, Arnaldi de La Forcada, Guilhelmi de Curia, Petri Conteti, Petri de Aubiaco, Guilhelmi Helya et Johannis Præpositi, præbisterorum sigillatus nobis vicario prælibato præsentaverunt, exhibuerunt et ostenderunt supplicantes nobis humiliter et nos et nostrum officium requirentes ut nos tanquam judex competens dictos testamentum et codicillum sic ut præmittitur clausos et sigillatos aperiri, inspici scripturam in eis contentam publice perlegi coram nobis faceremus et publicaremus ac transcribi et in publicam et debitam formam redigi mandaremus.

Nos igitur vicarius memoratus considerantes quod justa petentibus non est denegandus assensus attendentes etiam dictum imperatoris legis civilis promulgatoris sic dicentis nihil est quod magis hominibus debeatur quam ut supremis voluntatis jam alliud velle non possunt libersit stillus et licitum quod iterum neque reddit arbitrium aquitis debite per pium : Sigillis prædictis testium prædictorum cum quibus testamentum et codicillus prædictum clausi erant et sigillati qui tunc erant coram nobis præsentes, qui et coram quilibet nobis dixerunt et deposuerunt unus post alium quod hoc erat testamentum ultimum et codicillus ultimus dicti quondam domini Petri, et quod ipse et eorum quilibet ad postulationem et requestam domini Petri posuerunt eorum sigilla constitoque etiam nobis quod dictus dominus testator hodierna die suos dies clauserat extremos. Nos præfatos testamentum et codicillum unus post alium de verbo ad verbum perlegimus in præsentia dictorum executorum et testium infra scriptorum. Quibus sic per nos lectis, nos ad postulationem et requestam prædictorum executorum publicamus et pro publicis et insinuatis habuimus pariter et habemus et vera transsumpta ex eis et coram quolibet extrahi, transsumi et in forman publicam per magistrum Petrum de Landa, notarium publicum infrascriptum et nominatum redigi mandavimus quibus cum veris originalibus et veris transsumptis plena fides adhibeatur in agendis et in judicio et extra decernentes auctoritatem nostram ordinariam interposuimus pariter et nominatur judiciale decretum per præsentes, ac etiam illa transsumpta illis quorum intererit tradi et liberari etiam jussimus et mandavimus per dictum Petrum de Landa, publicum notarium salvo suo salario competenti. Actum fuit hoc Burdigalensi videlicet in camera dicti domini defuncti, quæ est in domo Collegii studentium sita in parochia Sancti-Pauli circa horam sextam de nocte post meridiem, die martis decima septima mensis januarii anno incarnati Verbi millesimo quadringentesimo quinquagesimo septimo Pontificatus Sanctissimi in Christo Patris et domini nostri domini Calixti divina providente clementia Paper tertii, anno tertio regnante christianissimo principe et domino nostro domino Carolo, Dei gratia Franciæ, rege præfato, Reverendissimo in Christo Patre et domino domino Blasio miseratione divina archiepiscopo Burdigalensi existente, præsentibus ibidem honorabilibus et discretis viris dominis Guilhelmo de Ornhaco, in decretis licentiato, Nicolao de Gibrano, archidiacono Medulcenci, Helya de la vila scholastico, Gombaldo Tydonis, Geraldo Ducis, Bartholomeo de Fargia, Richardo Bruni, Arnaldo Bonelli, ecclesiæ

Burdigalensi canonicis, Dominico de Bordanova, Arnaldo Constantini alias Cenac, Arnaldo Ramondi, Petro Alby, præsbyteris, Amanevo Roberti, rectora ecclesiæ parrochialis Sancti-Martini d'Eysinis, Bosono Paulini, magistro domus dicti domini defuncti, Theobaldo de Landa, Durando Clauselli, Dominico de Fedembaco, clericis notariis publicis, Johanne de Brosseconda, receptore præfati domini archiepiscopi moderni, et Petri de Sobrina clerico, testibus ad præmissa vocatis specialiter et rogatis, tenerès vero predictione testamenti et codicilli solemnorum et apertorum unus post alium sequuntur sub his verbis :

In nomine sanctæ et individuæ Trinitatis Patris et Filii et Spiritus Sancti, amen. Dominus redemptor et salvator noster volens nos invenire paratos in adventu suo dedit nobis bonum consilium dicens; vigilate et estote parati quia nescitis diem neque horam, et qua hora non putatis Filium hominis veniet, et tunc quilibet de factis suis propriis redditurus est rationem, et qui pro ceteris in hac vita majora perceperunt, plus in reddenda ratione tenentur, et quia illa hora apud humanam fragilitatem est incerta nisi et divina clementia reveletur ea propter Ego Petrus divina miseratione et ut credo superna dispositione humilis minister et solemnis ecclesiæ metropol. Burdegalensi archiepiscopus indignus et ad tantum onus meis exigentibus peccatis vocatus, mentis meæ compos et in corporali convalescentia exitens premissa considerans volens et affectans me disponere ad redendum domino meo creatori de talentis mihi per eum traditis, quam procul dubio perfetè et debitè posse reddere in mea facultate non consistit. Et ideo ante omnia sub mitto me suæ ineffabili misericordiæ quæ et major quam mea miseria licet peccata mea sint mihi innumerabilia, sed sua bonitas et misericordia est infinita. Et animam meam pecatriscem sive clementia et meritis piissimæ passionis humiliter et devote recommendo, speram sereniter et sicut dignatus est me creare et redimere sic est sua bonitate et mea non ex meis meritis dignabitur miserere et in fine salvare et firmissime credendo et confitendo suam veram fidem catholicam et tam divinitatis quam humanitatis ipsius fidei catholicæ in qua vivere quotidie et finam meam claudere et ante conspectum divinæ majestatis ipsius domini creatoris ac redemptoris mei venire affecto verum dum peccata celera iniquitatis et delicta mea in mente mea revolvo et recogito valde sum perteritus et ad conspectum sancti judicis venire pertimesco et nisi intercessores apud eumdem judicem et reperire sperarem omnino remanerem desolatus. Sed quia scio in curia ipsius judicis piissimam ac benignissimam peccatorum advocatam videlicet gloriosam Virginem Mariam ipsius judicis genitricem quæ omnes ad eam recurrentes cum humilitate et devotione sua solita benignitate exaudit et pro eis intercedit ut me ipso expertus sum in infirmitatibus et necessitatibus meis et licet eam multipliciter offenderim, quia scio quod major est sua benignitas quam mea iniquitas, omnino ad eam me converto et ad ipsam confugio et suæ protectioni omniam meam committo, nec non patronis meis dominis et beatis : Michaeli, Raphaeli, archangelis; Petro, Andreæ, patronis meis; Jacobo, apostolis; Amando, Symeoni, confessoribus, et Petronillæ et Catherinæ, virginibus, cœterisque archangelis, angelis, apostolis, patriarchis, prophetis, martyribus, confessoribus, virginibus, viduis, continentibus, totoque cœlestis curiæ acmini, suplicando humiliter et devote ut mihi subvenire et apud summum judicem intervenire dignentur, ut erga majestatem ipsius judicis gratiam et misericordiam invenire valeant, et sibi reddere rationem de administratione bonorum mihi creditorum. Ea propter de ipsius bonis ordinare disponere ac testamentum meum condere et facere et voluntatem meam declarare in his scriptis cum omni maturitate deliberavi in modum qui siquitur.

Primo condendo, faciendo et ordinando testamentum meum et ultimam voluntatem quod presentium tenore facio, condo et ordino cum premissis recommendationibus supra scriptis, eligo sepulturam corpusculi mei in dicta ecclesia Burdigalensi sponsa mea ante capellam Sancti-Blasii juxta armarium sacratissimi corporis Domini nostri Jesu Christi in parte exteriori et dum anima mea fuerit separata a corpore volo quod corpus meum induatur vestimento meo negro, si executoribus meis videatur cum illo vestimento debeam speliri, vel cum alio relinquo discretioni et deliberationi dictorum executorum meorum, volo etiam et ordino quod postquam corpus fuerit indutum in pontificalibus portetur ad magnam capellam palatii et ibi cum quatuor tortitiis remaneat per totam noctem et capellani servitores mei teneantur dicere totum psalterium et officiorum mortuorum et panus aureus quem ego emi ponatur super corpus meum, et volo et ordino quod copusculum meum ponatur in tumba marmorea quæ est ibi collocata pro sepultura mea si contingat me decedere in civitate vel diocesi Burdigalensi, vel in loco propinquo, itaque cadaver dicti corpusculi mei possit deferi, et in tumba dictæ sepulturæ non fiat aliqua pompa neque ornatus nisi in quantum tendere ad decorem et honorem dei et dictæ ecclesiæ.

Item volo et ordino quod centum quinquaginta nobilia auri ponderis novi recipiantur de bonis meis pro luminaribus, tortitiis, distributionibus chori et missis altis quæ continentur usque ad trecesimum diem et aliis necessariis pro exequis funeris mei, et septimi, trecesimi et capitis anni et die sepulturæ habeantur. Tredecim tortitia quæ portentur per tredecim pauperes et ipsi pauperes induantur de panno albo et quisque eorum habeat duos sterlinos monetæ Burdigalensis et prandio in domo archiepiscopali et solvantur de dictis centum quinquaginta nobililibus, et volo et ordino quod dominus Raymundus de Guto, rector de tressis familiaris mens distribuat dicta centum quinquaginta nobilia in modum supradictum;

Item volo et ordino quod de dictis meis bonis recipiantur centum viginti quinque nobilia de supradicto cugno pro missis celebrandis et pertotum annum continuandis, itaque infra annum a die obitus mei dicta centum viginti quinque nobilia sint distributa pro celebratione missarum dictarum, de quibus volo et ordino quod conventus Cartusiensis vallis auræ habeat viginti quinque libras dictæ monetæ ut teneantur. celebrare missas et orare Deum pro anima mea et benefactorum meorum, et quilibet conventus fratrum religiosorum Burdigalæ mendicantium habeat pro dictis missis celebrandis decem libras predictæ monetæ, itaque distribuantur celebrantibus dictas missas;

Item volo et ordino similiter quod monachi de Cadonio habeant dicem libras prædictæ monetæ pro dictis messis celebrandis, et volo et ordino quod dicta centum viginti quinque nobilia distribuantur per dominum Petrum Martini, alias Chic, familiarem meum;

Item volo et ordino quod centum vigenti quinque nobilia capiantur de bonis meis et distribuantur pauperibus, vedelicet quarta pars qui venient ad exequias die sepulturæ septimi, trecesimi et capitis anni, et alia secunda pars pauperibus studentibus in theologia vel in jure canonico itaque sint vel velint esse personæ ecclesiasticæ et ad servitium Dei, et alia tertia pars distribuantur pauperibus infirmis et captivis qui non possunt ire acquirendum vitam, et quarta pars puellis maritandis pauperibus, et volo et ordino quod dicta distributio fiat per dominum Leonardum de Segoniis, servitorem et eleemosinierium meum itaque de solutionibus habere quittantias et ultra hoc volo et ordino quod quilibet de dictis pauperibus qui venient die sepulturæ septimi, trecesimi et capitis anni, detur unus panis de tale pane ut comedent familiares mei : volo tamen quod sit major ad pondus qui communiter venditur in civitate et si non possunt habere illa die, assignetur certa dies ad recipiendum et nichil ominus distribuatur vinum unius pipæ de tale vino ut pauperes consueverunt bibere in domo archiepiscopali tempore meo, et unus sterlinus monetæ Burdigalensis;

Item volo et ordino quod quilibet conventus religiosorum Mendicantium qui venient ad sepulturam meam, cum cruce et processione, habeant decem libras monetæ currentis, et quod ponantur illa die in pitanciâ prodito conventu ut omnes gaudeant et orent pro amina mea; similiter volo et ordino quod Religiosæ Minorissæ et Augustinenses sorores quilibet conventus habeant quinque libras et istæ summæ fratrum et sororum solvantur de aliis bonis ultra et extra suprascriptæ nobilia dequibus ordinavi;

Item volo et ordino quod quilibet conventus fratrum et sororum habeant unum boysellum frumenti pro pitancia cum supra dictis pecuniis et capiatur et solvatur de blado granerii mehi *(sic)* acquisito;

Item volo et ordino quod executores mei infrascripti diebus sepulturæ septimi, trecesimi et capitis anni habeant prandium sumptibus et de bonis meis et familiares mei continui usque ad trecesimum diem habeant victum et residentiam in domo archiepiscopali de bonis quæ ibi reperientur et quod omnes continui et commensales ac executores mei infrascripti habeant vestes de nigro et solvantur de bonis meis ultra dicta nobilia;

Item volo et ordino quod si aliqui parochiani mei de Boliaco, de Quinsaco et de Laureomonte cum cruce et panno aureo ut est moris veniant, habeant prandium cum familiaribus meis;

Item volo de parochiannis ecclesiarum aliarum si eodem modo veniant;

Item volo et ordino quod si aliquis vel aliqui conquerantur de aliquo debito in quo eis vel alicui teneat quod inspecta persona petentis qua nisi sint molinarii, furnerius aut servitores mei qui recipiunt salarium non credo teneri alicui credatur usque ad summam vigenti quinque librarum facta examinatione et cum juramento et volo quod dicti servitores mei qui consueverunt recipere stipendia eis satisfacere per quarteriones et omnia debita solvantur de aliis bonis non minuendo nec taugendo *(augendo?)* aliquid de suprascriptis nobilibus. Item quia solutis et deducto ære alieno servitores de suo labore sunt remunerandi cuilibet familiari meo presbitero continuo et commensali, do et reliquo unam marcham argenti ut orent Deum pro me et dicant totum psalterium et officium mortuorum antequam sepeliatur corpus ut supra est scriptum;

Item do et lego Arnaldo Martini et Bertrando deiis Olaiis, presbiteris servitoribus meis cuilibet decem libras supradictæ *(monetæ?)* semel solvendas de aliis bonis meis;

Item remitto et quicto Bosono Paulini, magistro hospitii mei, pecunias pro me et nomine meo traditas sibi et ultra lego sibi triginta francos supdictæ monetæ semel solvendos ultra salarium suum;

Itam aliis familiaribus meis domesticis continuis secularibus ac matri servitrici cuilibet do et lego, ultra salarium suum, centum solidos semel solvendos;

Item do et lego dominis Raymundo de Guto et Petro Albi, servitoribus meis, lectum in quo dictus dominus Raymundus consuevit dormire;

Item domino Leonardo de Segoniis et Johanni de Sancto Martino, alias lo Basco, servitoribus meis, lectum in quo ipsi consueverunt dormire;

Item magistro Johanni de Focquerio, in decretis baccalaureo, procuratori meo, lectum in quo dormit;

Item janitorii meo, Petro Seguini, alias vocato lo galan, lectum in quo dormit;

Item do et lego a Bureu *(sic)*, servitori meo, lectum in quo dormit;

Item do et lego Bosyo Paulini, magistro domus meæ, unam taceam argenti ultra legatum per me in dicto testamento sibi factum et etiam illaque mihi debentur per dominum Nicolaum de Reyssaco ratione ecclesiæ de Rinoncio;

Item do et lego domino Petro Ruphi, presbitero confessori meo, unam aliam taceam argenti unius marchæ;

Item do et lego domino Petro Albi, servitori meo, ut sic cum aliis presbiteris servitoribus meis unam taceam marchalem; item etiam do et lego domino Guillelmo Bec, decretorum doctore, canonico et cantori dictæ ecclesiæ, unam taceam operatam causa quo ipse velit se intromittere de executione testamenti mei ultimi et non alias volo et ordino quod dicta operata vendatur majus pretium offerenti;

Item volo et ordino quod ciphus meus cum coopertorio suo cum quo bibo detur archiepiscopo successori meo;

Item volo et ordino quod legatum quod feci Johanni de Sancto Martino, alias lo Basco, servitori meo, in dicto testamento videlicet de centum libras monetæ currentis Burdigalensis, quod dominus Gaillardus Martini, sacrista dictæ ecclesiæ meæ, unus de executoribus meis vel alius qui haberit solvere legata mea statim infra triginta dies de bonis meis realiter et de facto dicto Johanni de Sancto-Martino solvat quinquaginta libras, et alias quinquaginta libras solvant heredes mei;

Item do et lego Michaeli Johannis, studenti in collegio meo, viginti francos monetæ Burdigalensi semel solvendos ad emendum libros;

Item volo et ordino quod pecuniæ quæ debentur mihi per priorem Cartusiensum remittantur eis *(sic)* etiam totum quod habeant a me et teneantur facere et celebrare unam missam omni die usque ad finem anni et continuere missam die veneris prout alias ordinavi;

Item do et lego Petro Labric, servitori meo quatuor nobilia dicti ponderis;

Item do et lego filiolo meo Petro deu Brugar ut vadat ad Sesolas (?) vigenti libras semel solvendas;

Item volo et ordino quod si Petrus Berlandi vult succedere fratri suo in hereditate teneatur ponere in communi summan quam ego dedi ei cum fuit uxoratus in Laureo-Monte et teneatur redire ad residendum in domo paternali;

Item do et lego ac relinquo de aliis bonis meis mihi acquisitis et debitis cuilibet hospitali civitatis Burdigalensi et hospitali Sancti-Juliani extra muros Burdigalenses centum solidos supradictæ monetæ, itaquod hospitalarii pro sua sutentatione et hospitalis habeant medietatem et alia medietas distribuatur pauperibus maxime infirmis ut orent pro me;

Item leprosis si qui sint commorantibus in palatio Galliano, vel alibi in civitate, vel diocesi Burdigalensi et si non sint Geffetis sive Gaffetis commorantibus extra muros Burdigalenses centum solidos supradictæ monetæ semel solvendos, et cuilibet dictorum hospitalium unum boysellum frumenti et dividant sicut supra dictum est de pecuniis;

Item do et lego capellano et hospitalario et pro sustentatione ipsorum et pauperum dicti hospitalis Sancti Petri decimam quam emi a domino de Duratio in parochia de Ludadone cum carta facta per Petrum de Landa, notarium publicum;

Item volo et ordino quod pars decimæ quam acquisivi a domino Captali in parochia de Sousano remaneat dicto hospitali, et si recuperabatur et restituantur centum nobilia auri quæ ego solvi, ponantur in aliis proventibus pro dicto hospitali et pro quatuor anniversariis fiendis in ecclesiâ de Molinis pro matre mea, pro quolibet anniversario viginti francos vicario ipsius collegiæ, et si non recuperetur et remaneat dicto hospitali capellanus et hospitallarius teneantur solvere dicto vicario ratione dictæ decimæ annuatim dictas quatuor libras quandiu tenebunt dictam decimam in festo beati Andreæ apostoli annuatim;

Item volo et ordino quod domini decanus et capitulum Sancti-Severini in mutatione hospitalarii et capellani deputent unum commissarium qui faciat inventarium de bonis et rebus dicti hospitalis et tradantur hospitalario cum conditione quod non vendat neque alienet et quod ingressu donet se et bona sua dicto hospitali;

Item emi a domino de Monteferrando medietatem decimæ quam ipse habebat in parochia de Ludadone pro qua solvi quingentos francos et capellanus supradictæ ecclesiæ meæ *(sic)* emit aliam medietatem, et partem meam ego lego et assigno presbitero et hospitalario et pauperibus supradicti hospitalis ut dictus presbiter teneatur celebrare omni die sabathi vel facere celebrare unam missam cum officio Virginis Gloriosæ Mariæ in capella ejusdem ecclesiæ Sancti-Severini et juvare ad celebrandum divinum officium in dicta ecclesia; et prodicta missa celebranda, do et lego unum calicem cum armis meis, unum missale parvum et unum vestimentum sacerdotale cum teca ad conservandum ea, et inhibeo sub pœna excommunicationis quod non extrahantur extradictam ecclesiam;

Item volo et ordino quod dictus capellanus et hospitalarius teneantur solvere dominis decano et capitulo Sancti-Severini pro uno anniversario annuatim in eadem ecclesia celebrando sexaginta solidos dictæ monetæ;

Item do et lego ac reliquo pro conservatione ac provisione dicti hospitalis decimam quam acquisivi in parochia de Sousano, in Medulco, a domina de Roquatailhada, ut apparet per cartam receptam per Johannem de Meyra, notarium auctoritate imperiali;

Item laudo, ratifico ac confirmo fundationem et dotationem pro me factam de dicto hospitali ut apparet per instrumentum publicum factum et receptum per dominum Henricum Veyrem, secretarium meum, et Arnaldum Petri auctoritate imperiali notarios;

Item volo et ordino quod dominus Gastanis de Lila, miles et hæredes domini Tristandi de Lila, et dominæ Blanchæ de Podensaco, ejus uxoris, qui debebant tres centos francos dictæ monetæ cum carta recepta per Petrum de Landa, solvat vicario de Molinis ducentos francos infra quatuor annos, vel assignet ei decem libras census quod sit quintus de tota summa alias si non volunt hæredes mei exigant totam summam, de qua dictus vicarius habeat medietatem ad emendum census vel alios proventus pro se et suis successoribus ut teneantur celebrare in dicta ecclesia qualibet septima die martis unam missam et visitare sepulturam matris meæ quæ est ibi ante altare Virginis Mariæ;

Item ego archiepiscopus supradictus excerta scientia et proprio nutu revoco et annullo tenore presentium ordinationem et dispositionem per me factas de quadam portionne in ecclesia Sancti-Petri de Avensano et de Molinis et quascumque conditiones appositas receptis ordinationibus et conditionibus contentis in quadam carta publica recepta per Johannem de Meyra, notarium auctoritate imperiali, die decima quarta mensis novembris anno Domini millesimo quadragentesimo nono, et omnia contenta in dicta carta laudo, ratifico et approbo quam cartem habet Petrus Berlandi qui est principalis in domo paternali mea, et volo et ordino quod semper remaneat in custodia ipsius et aliorum qui erunt de eadem domo originaliter et facient ibi residentiam;

Item de novo construxi et ædificavi in dicta parochia de Avensano unam capellam, volo et ordino quod capellanus dictæ portionis habeat regimen et proventus qui venient manualiter et suas oblationes et vota dividantur in tres partes, videlicet quod presbiter qui tenebit curam dictæ ecclesiæ de Avensano habeat unam partem, et item presbiter dictæ portionis habeat aliam, et tertia pars sit pro sustentatione ipsius capellæ quam recipiat principalis consanguineus meus de domo paterna qui dictam capellam teneat coopertam et cera quœ offeretur remaneat ibi pro servitio divino ;

Item volo et ordino quod calicis, cruces et vestimenta sacerdotalia quas ego assignavi, emi et tradidi parochianis dictarum ecclesiarum de Avensano et de Molinis ut ipsi parochiani habeant custodiam et quod tradantur dicto presbitero ad celebrandum in dictis ecclesiis et in dicta capella intra et non extra. Ego etiam dedi prodicta capella unum calicem de argento et unum de stagno et vestimentum sacerdotale ;

Item ordinavi, fundavi et dotavi in ecclesia de Boliaco unam missam de Angelis celebrandam die lunæ, pro qua emi unum bordile ab Amanevo de Brolio, et medietatem decimæ domini de Aigladas in parochia dicte ecclesiæ de Boliaco, et volo et ordino quod rector sive vicarius perpetuus ac comes et operarius ipsius ecclesiæ possint elegere presbiterum si aliquis de ipsa parochia alias de alia parochia pro ut eis videbitur dum tamen sit honestus, et ei dictam portionem assignare quandiù continuabit servitium et cum aliis conditionibus in portione de Avensano ;

Item ordinavi in ecclesia Sancti-Michaelis Burdigalensi unam missam de cruce celebrandam in die veneris in perpetuum, pro qua emi unum bordile in parochia Sancti-Caprasii, et volo et ordino quod prior collegii mei de quo infrascribitur teneatur celebrare vel facere celebrare dicta missam et orare pro me et anima magistri Raymundi de Burgiis qui me instruxit ad scribendum et est sepultus in dicta ecclesia et pro uxore sua et visitare eorum sepulturam et fructus dicti bordilis remaneant dicto collegio soluto presbitero qui celebravit dictam missam ;

Item do ac lego et relinquo centum francos predictæ monetæ ad emendum et acquirendum census redditus decimam vel alios proventus pro sustentatione unius presbiteri qui juvet vicarium de Quinsaco diebus dominicis et festivis solemnibus ad servandum in officio domino in dicta ecclesia et teneatur ibidem celebrare diebus singulis dominicis de Sanctæ Trinitatæ vel si habet devotionem ad officium dominicæ dicat, ante vel post celebrationem officium Sanctæ Trinitatis, et volo et ordino quod dictus presbiter habeat et de presenti sibi assigno quoddam hospitium cum terris, vineis et omnibus pertinencis suis quod ego emi in dicta parochia de Quinsaco reservato quod decima bladi possit in eodem collegi et congregari quod quidem movebat feudaliter a Geraldo de Mota, silicet ego emi census cum carta recepta per Johannem de Meyra notarium imperialem;

Item do et lego ac relinquo dictæ ecclesiæ de Quinsaco et parochianis dictæ ecclesiæ pro servitio divino unum calicem cum scuto meo signatum et quod ille vel alius accomodetur dicto capellano in dictis diebus pro celebratione missæ quem calicem traddi dictis parochianis et vestimentum ac missale;

Item do ac lego et relinquo ecclesiæ et parochianis de Laureo Monte pro servitio divino unum calicem de argento de auratum et cum armis meis signatum et volo et reservo mihi et successoribus meis quod dum erimus in dicto loco de Laureo Monte et indigebamus dicto calice absque difficultate tradatur pro celebratione missæ in capella archiepiscopali quæ est ibi;

Item do et lego ac relinquo vicario ejusdem ecclesiæ vigenti francos pro emendo census pro uno universario celebrando in tali die qua ero sepultus;

Item do et lego pro divino officio celebrando in eadem ecclesia unum missale novum et completum itaquod parochiani mei non possint illud vendere nec impignorare et eis tradidi;

Item do et lego Petro Berlandi, consanguineo meo, vigenti quinque boysellos millii et unam pipam singulis *(sic)* semel solvendam, et in hoc et bonis paternis instituo ipsum et suos filios hæredes pro equales partes cum conditione quod resideant in domo paterna; alias volo et ordino quod non residentes nihil habeant de parte mihi contingenti quæ est medietas totius hæreditatis, et illa remaneat residenti in dicta domo sive residentibus, itaquod nullo modo valeant illam allienare neque medietatem hospitii quod pro eis acquisivi in parochia Sancti-Pauli Burdigalensi sub nomine Petri Berlandi; alias Forthim, sed semper remaneat residentibus in dicta domo paterna;

Item do et lego ac relinquo pro luminaribus ecclesiarum de Avensano, de Molinis et de Castronovo cuilibet centum solidos monetæ ante dictæ semel solvendos ut parochiani dictarum ecclesiarum teneantur orare Deum pro salute animæ meæ et parentum et benefactorum meorum; item tradidi ad emendum unam partem decimæ a domino Tristando centum nobilia, ac ordino quod proventus ponantur in augmentum distributionis missa matutinalis Sanctæ Trinitatis quæ celebratur in dicta ecclesia sponsa et delecta mea diebus dominicis et quod celebrans et canonici presbyteri et clerici teneantur orare Deum pro me et predecessoribus et successoribus ac parentibus et benefactoribus meis, et visitare sepulturam meam cum orationibus consuetis ut est mores fieri in visitationibus mortuorum sive defructorum in dicta ecclesia;

Item debet mihi dominus de Duratio trigenta nobilia auri nova, ut apparet per obligationem patris sui sigillo suo signatam et quatuor taceas marcales quas accomodavi ei et volo quod remittantur sibi ex eo quâ dedit mihi licentiam edificandi capellam in suo dominio;

Item debent mihi hæredes Naudini Bruni mercatoris centum francos cum carta et cartello scripto sua manu et prenpsa sigillato, et volo quod cum hoc sint quiti de aliis summis mihi debitis;

Item laudo, approbo et rattifico et si necessit de novo ordino quod decima alias Deyman de Corda quæ est in parochia Sanctæ Helenæ de Landa quam acquisivi dum eram canonicus et eam assignavi una cum carta acquisitionis fratribus meis dominis decano et capitulo ecclesiæ sponsæ meæ sit et remaneat in perpetuum dictis fratribus meis ut teneantur annuatim in die beatæ Petronillæ celebrare unam missam cum anniversario ut est fieri consuetum pro canonicis;

Item assigno et totum jus meum transfero dictis fratribus meis, decano et capitulo jus quod habeo in decima Sancti Viviani cujus quartam partem acquisivi et volo et ordino quod per dictos dominum decanum et capitulum fiat semper omni anno unum anniversarium cum missa et celebretur honorifice ut est consuetum fieri pro archiepiscopis, tali die qua continget me migrare de hoc seculo si fieri potest alias propenquiori die quam partem decima acquisivi pro secundo anniversario meo;

Item acquisivi a Giraldo de Mota, parochiano de Cambes, damicello, unam decimam parvam quæ est in parochia de Boliaco et de Tressa, quam assignavi pro una missa celebranda in dicta ecclesia sponsa mea omni die jovis in perpetuum in capella Sancti-Blasii ad honorem Dei et Beatæ Virginis, ac Beati Andreæ, pro qua missa celebranda assigno priori collegii studentium per me fundati in parochia Sancti-Pauli hujus civitatis qui teneatur in supradicta die in dicta capella celebrare vel facere celebrare continue et post missam visitare sepulturam meam cum aqua benedicta et orationibus consuetis et si deficiat in celebratione dictæ missæ rotularius anniversarium conducat unum presbiterum qui celebret dictam missam sumptibus predicti prioris et volo et ordino quod dictus prior qui pro tempore fuerit colligat et recipiat fructus et proventus decimæ supradictæ, vel assenset ad votum suum et semper succedat priori et successoribus suis;

Item licet in constitutione dicti collegii ego ordinaverim de electione prioris quem per experientiam novi quod prior qui est de presenti negligit celebrare dictam missam in dicta capella ideo, volo et ordino quod post obitum meum et dicti prioris qui nunc est collegiati prædicti collegii qui erunt residentes eligant et teneantur eligere in priorem unum prebendarium supradictæ ecclesiæ sponsæ meæ verum probum, castum, bonæ vitæ et conversationis honestæ cum conditionibus in dicta institutione contentis qui non habeat beneficium curatum nec incompatibile et qui consueverit in divinis officiis servire in eadem ecclesia et celebret vel faciat celebrare dictam missam in dicta capella; alias rotularius anniversariorum provideat ut supra dictum est;

Item do, lego, assigno et relinquo pro servitio divino celebrando in dicta capella Sancti-Blasii breviarium positum in armario juxta sepulturam meam et volo quod ibi remaneat et missale quod feci scribi dum eram canonicus, calicem et vestimentum sacerdotale cum teca quæ est in eadem capella, quæ omnia acquisivi dum eram canonicus et missale novum quod feci scribi postquam fui archiepiscopus reportetur ad capellam archiepiscopalem quia est ipsius et pro illa feci scribi;

Item do et lego ac relinquo priori et studentibus dicti collegii per me fundati in parochia Sancti-Pauli Burdigalæ et eorum successoribus, omnes et singulos meos libros itaquod non vendantur neque alienentur, sed semper remaneant dicto collegio ut sunt scripti in quodam quaterno, alii vero libri qui sunt ibidem scripti, quorum nonnulli ut ibi scribitur fuerunt reperti in archiepiscopatu, volo quod serventur et tradantur successori meo; et quidem alii sunt ecclesiæ et capituli et restituantur eis volo etiam et ordino quod successores mei si voluerint habere sermones magistri Vincentii, maxime ad predicandum quod accomodentur eis ad tempus et promittant restituere;

Item volo et ordino quod si supra dictum collegium non sortiatur effectum vel tempore futuro destrucretur itaquod omnes essent collegiati, in illo casu dicti libri dividantur itaquod successores mei archiepiscopi habeant omnes quod emi et acquisivi postquam fui archiepiscopus et alias quos acquisivi dum eram canonicus habeat etiam capitulum Burdegalensæ prout reperitur scriptum in quolibet libro et quodam caterno, alii autem libri in dicto caterno scripti de manu mea volo quod vendantur et pretium vel libri erogentur pauperibus studentibus si sint aliqui de parochianis de Avensano vel de Molinis, alias vendantur et distribuantur ut dictum est;

Item volo et ordino quod prædicti libri ponantur in dicto collegio in loco per me deputato, et inhibeo ac prohibeo sub pæna excommunicationis quam ferimus in his scriptis quæ (quod?) nullus extrahat neque asportet aliquem de dictis libris extra collegium et qui fecerit contrarium ipso facto sit excommuniatus excepto quod si successor meus indigeret aliquod de dictis libris quod accomodetur de ad artum tempus, ita tamen quod ipse tradat in pignus priori et collegiatis prefatis alium librum æquivalentem pro muneria;

Item laudo, approbo et ratifico institutionem, ordinationem et fundationem dicti collegii per me fundati, et volo ac ordino quod omnibus modis contentis in dicta institutione proposse observentur et conserventur pro ut instrumento recepto per Johannem de Meyra continetur. Salvis tamen modificationibus et additionibus in presenti testamento contentis et in quodam codicillo et ordinatione alias per me factis continentur, quod si in presenti civitate vero sunt lectores in theologia vel in jure canonico quod medietas collegiatorum possint accedere ad aliud studium generale et ibi studere per quinque annos et habeant de proventibus dicti collegii victum, ac si essent presentes in dicto collegio, alii vero qui remanebunt teneantur in artibus et habeant victum ibidem quinque annos et si voluerint accedere ad studium generale habeant sicut primi per alios quinque annos, alias vadant vias suas extra collegium et quo ad provisionem absentium volo tamen quod ante omnia provideatur residentibus in dicto collegio et quod ad minùs sint tres cum uno servitore et de residuo provideatur absentibus si facultates suppetunt;

Item si contingat quod omnes studentes ordinati videlicet duodecim non possint habere competentem sustentationem ex proventibus dicti collegii, volo quod recipiantur tot quod in eodem collegio poterunt ex eisdem proventibus sustentare, et si sint aliqui qui velint contribuere in victualibus, volo et ordino quod recipiantur et admittantur usque ad dictum numerum duodecim et habeant cameras in eodem collegio si videatur priori et collegiatis dum tamen sint honestæ vitæ;

Item do et lego eisdem priori et collegiatis quatuor mapas et quatuor manutergia competentis valoris;

Item do et lego dictis priori et collegiatis studentibus decimas quas acquisivi in parochis de Linhano et Bauregio et de Tressis, et decem libras census quas debet Laurentius Baudrie cum carta recepta per Petrum de Landa, notarium publicum auctoritate imperiali et regia, et decem libras quas acquisivi a Geraldo de Mota et vigenti libras quas acquisivi ab Arnaldo Bruni parochiam Sancti-Mascentii cum recursu; et si recuperentur quod summa quadringentorum francorum per me solutorum ponatur in aliis redditibus vel decimis; item decem libras et decem solidos census quos emi ad publica a Petro de Laban, in parochia de Bauregio, Jaubertus de Geno recepit cartam; item septem libras et decem solidos quos emi a nobili muliere Letissa Andronis in parochia de Boliaco et de Tressis, Johannes de Meyra recepit cartam;

Item do et lego dictis priori et collegiatis supradicti collegii et eorum successoribus omnes et singulos fructus et proventus bordilis cum vincis et terris et pertinencis suis quos acquisivi in parochia Sancti-Caprasii, itaquod faciant celebrare in ecclesia Sancti-Michaelis Burdigalensis omni die veneris in perpetuum unam missam de cruce cum conditionibus supra declaratis in memoriam et honorem passionis Domini nostri Jesu Christi;

Item do, lego ac relinquo Reverendis in Christo Patribus dominis archiepiscopis, successoribus meis, sex libras monetæ curientis Burdigalæ annuatim, quas acquisivi supra duas domos quæ sunt in rua de las Eyras, quas tradidi in fendum de novo Maria Forthonis, uxoris Heliæ Fumerii, et volo et ordino quod sint in compensatione quatuordecim solidorum dictæ monetæ census quos archiepiscopus Burdigalensis habet super domos cum horto quæ sunt in parochia Sancti-Pauli Burdigalensis qua fuerunt domini Raymundi de Cussaco quondam canonici ecclesiæ supradictæ Burdigalensis, quos ego (emi?) et acquisivi pro dicto collegio de quo feci et ordinavi, ac facio et ordino patronos eosdem dominos archiepiscopos successores meos ac protectores et deffensores, et suplico ut velint et eis placeat dictum collegium et collegiatos cum priori ac eorum jure sustinere, protegere ac defensare (sic) et augmentare, et in mutatione cujuslibet archiepiscopi volo et ordino prout in fondatione dicti collegii ordinavi quod prior teneatur recognoscere in dominum et patrorum, eumdem dominum archiepiscopum et solvere unam marcham argenti in mutatione archiepiscopi, et volo quod ita fiat; item acquisivi pro dictis successoribus meis omnes census quos Richardus Bonelli habeàt in loco de Calamiaco, in parochia de Sadiraco, cum carta recepta per Johannem de Meyra; item acquisivi pro me et successoribus meis a domina Blancha de Podensaco partem decimæ de Cupsaco, Petrus de Landam retinuit cartam;

Item volo, ordino et dispono quod si cassus evenerit videlicet quod non reperientur studentes qui vellint in dicto collegio moram trahere et continuare studium, eligantur tres presbiteri de Medulco per decanum et capitulum dictæ ecclesiæ in capitulo existentes et non per hebdomadarium qui sint viri probi honesti et bonæ famæ, qui non habeant beneficiata curata neque hospitia propria in civitate Burdigalensi, et si tales inter prebendarios reperiantur maxime de Medulco, volo ordino quod presententur dominis archiepiscopis successoribus meis et assignentur eis predictæ domus cum omnibus decimis, censibus, redditibus et pertinentis suis, ita quod ipsi tres presbiteri cohabitent in simul et residentiam faciant personalem in dicto collegio et victum habeant in communi comedentes et bibentes, et quolibet anno eligant inter se unum priorem de ipsis tribus qui habeat curam, regimen et administrationem dicti collegii cum pertinentis suis, et teneatur reddere rationem et computum annuatim, infra octavas Nativitatis Domini, aliis duobus presbiteris, et si utiliter et diligenter fecerit debitum suum remaneat prior quandiu in premissis bene gesserit; et si forsan inter ipsos erat aliquis inhonestæ vitæ, maxime luxoriosus, illo casu volo et ordino quod talis expellatur per dominum archiepiscopum, et alii duo possint eligere alium virum honestum et presentare eidem domino archiepiscopo, qui illum teneatur admitere et assignare locum in supradicto collegio.

Item volo et ordino quod dicti tres presbiteri sint obligati et teneantur celebrare missas in dicta ecclesia Sancti Andreœ, videlicet in prædicta capella Sancti-Blasii quilibet unam missam videlicet die dominica de Trinitate vel de dominica dicendo primo officium de Trinitate, item die lunæ de Angelis, die martis de Virginibus cum collectis debitis Catherina et Petronilla, die mercurii de Beato Petro apostolo, die jovis de beato Andrea, die veneris de Sancta Cruce, die sabatti de Beata Maria Virgine, et pro istis missis celebrandis dicti presbiteri concordent

11

se et ordinent quod quilibet faciat hebdomadam suam celebrando vel faciendo celebrare dictas missas in predicta capella Sancti-Blasii, sic quod nullo modo deficiant, et si aliquis ipsorum defecerit, volo et ordino quod alii ordinent et disponant quod per ipsos vel per alios celebrentur, et celebranti dentur tres solidi monetæ currentis Burdigalensi, pro qualibet missa de portione contingenti illi presbitero qui erit in hoc negligens;

Item volo et ordino quod de aliis meis bonis centum libræ dictæ monetæ distribuantur presbiteris et clericis residentibus et servientibus in supra dicta ecclesia ut ipsi teneantur celebrare missas altas in eadem ecclesia in supra dicta capella Sancti Blasii triginta videlicet tres de Sancta Trinitate, tres de cruce, tres de Sancto Spiritu, tres de Virgine Maria, tres de Apostolis, tres de martyribus, tres de confessoribus, tres de virginibus et pro defunctis. Itaquod infra triginta dies a die obitus mei sint omnes celebratæ et quod celebrans habeat pro missa octo arditos et diaconus et subdiaconus et duo cantores qui libet eorum tres orditos et qui libet præsbyter qui intererit et juvabit ad celebrandum dictas missas duos arditos, et qui libet clericus unum arditum et celebratis dictis missis qualibet die teneantur visitare sepulturam cum orationibus et responsoriis consuetis et celebrentur dictœ missœ in predicta capella Sancti-Blasii et quod dictæ centum libræ solvantur per executores meos infra triginta dies et distribuantur quotidie celebrantibus per modum supredictum, atque propter hoc omnes cessent aliæ missæ ordinariæ quæ debent celebrare in choro et aliæ quæ debent celebrare pertotum annum neque computentur in nomine illarum;

Item volo et ordino quod duodecim nobilia auri ponderis novi quæ mihi debet dominus de Baynaco, senescallus Petracorisensis, ex causa veri mutui ponantur in reparatione domus archiepiscopalis quæ est in loco de Bello-Videre;

Item lego magistro Johanni de Foguerio, in decretis baccalaureo, servitori meo, viginti francos dictæ monetæ semel solvendos, ut teneatur rogare Deum pro anima mea;

Item etiam lego Petro Seguini, alias lo Galan, janitori meo, viginti francos semel solvendos ad finem ut teneatur rogare Deum pro anima mea et animabus benefactorum meorum;

Item volo quod Johannes de Sancto-Martino, alias lo Basco, habeat capellam cum breviario suo casu quo ipse velit esse persona ecclesiastica et non alias;

Item (do et lego) domino Guillermo Muralha, presbytero, viginti libras dictæ monetæ semel solvendas de bonis meis ut teneatur rogare Deum pro anima mea;

Item do et lego priori qui nunc est collegii mei studentium alios duodecim francos dictæ monetœ semel solvendos de bonis meis ut teneatur deprecari Deum pro anima mea;

Item lego fratri Petro Malon ordinis carthusiensis unam marcham argenti semel sobvendam de bonis meis, ut teneatur rogare Deum pro anima mea, ut confido (et ?), omnium parentum et benefactorum meorum;

Item do et lego Johanni de Lalana barbitonsorie meo, decem francos dictæ monetæ semel solvendos de bonis meis ut teneatur rogare Deum pro salute animæ meæ;

Item ex alia parte quitto et remitto dicto Johanni de Lalanna duo nobilia auri cugni angliæ novi ad faciendum cambium pro ipso in curia romana quæ quidem nobilia adhuc mihi debentur et tradidi sibi cartam de quadringentis nobilibus quæ debet mihi Thomas Belota, mercator, et labeo certa bona a dicto domino decano prout sit dominus Gastonus *(sic)*;

Item volo et ordino quod post tricesimum mensem dentur de bonis meis omnibus servitoribus meis mecum residentibus omnibus in simul qui voluerint remanere in archiepiscopatu meo Burdigalensis donec et quo usque successor venerit in archiepiscopatu, videlicet decem pipas bladi frumenti et duodecim pipas vini clari boni et marchandi semel solvendis pro eorum victu;

Item etiam do et lego Guillelmo de Mota mecum commoranti tria nobilia auri ponderis novi semel solvenda;

Item do et lego Buorello servitori meo equum sivè rossinum album cum quadriga sive carreta cum pertinentis suis;

Et quia institutio hæredis est fundamentum cujuslibet testamenti ideo ego considerans quod bona temporalia quæ per personas ecclesiasticas possedentur de facultatibus ecclesiæ debent dividi juxta canonicas sanctiones, ea propter, ego Petrus archiepiscopus Burdigalensis predictus, completo primo meo testamento et omnibus et singulis in eo contentis, in resuduo omnium et singulorum bonorum meorum, facio, instituo et ordino meos universales hæredes per œquales partes, videlicet Reverendissimum in Christo patrem dominum archiepiscopum successorem meum, canonicum habentem ingressum et venerabiles fratres meos, dominos decanum et capitulum et fabricam ecclesiæ Burdigalensis sponsæ antedictæ, itaquod capitulum et fabrica dividant inter se eorum partem aqualiter et se (?) tertiam priorem ac pauperes collegiatos supradicti collegii et eorum successores; et volo et ordino dicti fratres mei, decanus et capitulum, partem eis contingentem ponant et expendant ad emendum et acquirendum decimas vel redditus aut census seu alios proventus ad opus distributionis chori supradictæ ecclesiæ quæ datur interessentibus horis canonicis et post finem horæ natœ, volo et ordino et etiam injungo quod illi qui intererunt in choro teneantur dicere psalmum : De profundis, cum orationibus : Deus qui inter apostolicos, fidelium, et Absolve, cum : Pater noster et Ave Maria, omni die in fine horæ natœ, silicet (?) volo et ordino quod prior et collegiati antedicti eorum partem ponant et exponant ad emendum et acquirendum decimas, redditus et proventus prodicto collegio et quod prior et collegiati pradicti collegii post prandium et cœnam dicat post gracias dictum psalmum et orationes prædictas omni die cum Pater et Ave Maria; et si supradictum collegium remaneat indotatum et derelictum eo casu in dicti collegii *(sic)* instituo, facio et ordino hæredem animam meam dilectam itaquod tertia pars dictorum bonorum distribuantur in quatuor partes pro anima mea videlicet in missis celebrandis, pauperibus infirmis incarceratis vel captivis, et quod legata per me facta supradicto collegio veniant et succedant in communi omnibus meis hæredibus supra declaratis et dividantur prout supra est declaratum exceptis libris de quibus ordinavi ; et volo et ordino quod ita observentur quoniam vanum est et inutile esse condere testamentum nisi essent qui contenta in eo exequerentur et executioni demandarent idcirco ego archiepiscopus predictus facio et ordino meos et presentis mei testamenti execuiores videlicet venerabiles fratres meos dominos, Guillelmum Bec, decretorum doctorem, cantorem et canonicum supradictœ ecclesiæ Burdegalensis, Petrum Martini, eleemosinarium in eadem ecclesia, dominum Gaillardum Martini sacristam et canonicum dictæ ecclesiæ, qui habeat solvere omnia legata in hujusmodi meo testamento per me facta et non alii de executoribus meis quovismodo exceptis legatis per me factis pauperibus Christi, Raymundum deu God, rectorem de Tressis, et Leonardum de Segoniis secretarium et eleemosinarium meum, ut ipsi teneantur distribuere legatum seu legata per me facta seu ordinata pauperibus usque ad summam centum et vigenti quinque nobilium auri novi ponderis et tribuo ac do et concedo eis et cuilibet ipsorum portantibus licentiam et auctoritatem exequendi, prosequendi et ad finem debitum deducere omnia et singula in meo testamento contenta absque alicujus alterius auctoritate vel licentia ac capiendi de bonis meis tantum quantum unum pro executione hujus mei testamenti necessaria et pro eorum labore predicto Bec do et lego unam marcham argenti vel valorem; alii duo sunt familiares mei et comprehenduntur inter presbiteros familiares meos quibus cuilibet legavi unam marcham argenti sicut aliis pluribus, et ultra hoc cuilibet eorum unum nobile auri de cugno novo. Et ista legata facta executoribus volo et ordino quod solvantur de aliis bonis ultra dicta quadringenta nobilia et volo et ordino quod istud sit meum ultimum testamentum et mea ultima valuntas reservo a *(sic)* (autem?) quod per modum codicilli vel alias possint addere, minuere et mutare pro ut mihi placueri; revoco etiam et annullo presentium tenore omnia alia testamenta prome hactemus conducta et ordinata; in hoc enim posui et descripsi omnem voluntatem et intentionem meam; et si quis impedire voluerit et attentaverit incurat indignationem omni potentis Dei et teneatur reddere rationem coram eo et de omnibus et singulis supra et infra scriptis, et requiro vos notarium publicum infrascriptum fidei instrumente seu instrumenta publica qua erunt necessaria et rogo vos testes in fernis nominatos ut sitis mei testes in testimonium veritatis, quoniam vanum est condere testamentum nisi sit facultas et substantia en quibus possit deducere ad executionem; ideo ego archiepiscopus Burdigalensis supra scriptus in his scriptis in tenore presentium volui declarare unam partem substantiæ et facultatis meæ pro executione hujusmodi mei testamenti quam declararent et notificatum fici servitoribus meis dominis Petro Martini, Gallard Martini, Raymondo de Guto et Leonardo de Segoniis executoribus meis supranominatis, propter specialem confidentiam quam labeo in eis, in modum qui siquitur; primo, declaravi et ostendi eis quatuor centum nobilia nova in auro de quibus Petrus Martini habet penes se centum promissis; item dominus Gaillardus Martini habet centum nobilia; item trigenta nobilia nova; item vigenti scuta nova; item viginti nobilia; item viginti reyaux auri; secundo, volo et ordino quod ematur panus pro servitoribus meis de negro et legata facta eisdem servitoribus et alai legata usque ad summam predictam solvantur de illis et aliis bonis meis; item dominus Raymundus de Guto habet centum quinquaginta nobilia nova pro luminaribus et distributione chori et missis canonicatibus; item dominus Leonardus de Segoniis deber habere centum viginti quinque nobilia nova pro pauperibus distribuendis quæ sunt in thesauraria Sancti-Andreæ in capsa mea, de quibus summis predicti domini Petrus et Gaillardus Martin et Raymundus de Guto trudiderunt cedulas scriptas manibus propriis et sunt inclusæ in presenti testamento;

Item habeo duos calices pulchros deauratos unum bene compositum et laboratum de foris et volo quod remaneat in capella archiepiscopali pro successoribus meis, et alium legavi ecclesiæ de Laureo-Monte pro servitio ipsius ecclesiæ et capellæ archiepiscopalis quæ est ibidem; item unum alium dedi hospitali Sancti-Severini extra muros Burdegalenses: item habeo duodecim taceas unius formæ cum suo stugio; item unum cophinum cum coopertorio suo de argento et unam parvam taceam pro credentia; item habeo duas buticellas de argento parvas ad portandum Sanctum Chrisma; item porto mecum unam parvam bursam in qua est una cedula in pargameno continens summam auri quæ habeo et ubi est nec quæretur alibi.

In nomine Patris et Filii et Spiritus sancti, amen : Cum hominis voluntas sit ambulans usque ad mortem et de die in diem mutetur et licitum sit disponere de bonis et rebus sibi commissis cum expediens vel necessarium fuerit, idcirco ego Petrus, miseratione divina et ut firmiter credo ex ordinatione ejus olim Burdigalæ nunc vero nadedicens indignus archiepiscopus licet alias condiderim meum testamentum et fecerim redigi in scriptis receptum que per Petrum de Landa, notarium publicum, et in eodem testamento per modum codicilli disposui aliquid — addere vel diminuare et declarare et codicillum meum facere et ordinare in tunc modum qui sequitur, et de presenti facio et ordino in eis scriptis, et primo in dicto testamento ordinavi quod familiaribus meis et servitoribus certa pecuniarum summa daretur et solveretur post obitum meum et per manus venerabiles viri Gaillardi Martini presbiteri, canonici et sacristæ ecclesiæ Burdigalæ olim mihi commissæ, cui tradidi certas pecuniarum summas et postea de mandato meo ipse dictis servitoribus meis specialiter magistro domiis et domino Johanni de Sancto-Martino solvere cuilibet certam summam volo et ordino quod deducatur de summa pecuniæ quam ipse recepebat a me pro predicta legata et quod ipse sit exoneratus; volo tamen et ordino quod de aliis bonis meis totidem solvatur dictis duobus servitoribus et aliis servitoribus meis pro ut in dicto testamento continetur ;

Item volo et confirmo donationem per me factam pro acquirendo et emendo decimas, census et redditus ac possessiones pro collegio per me fundato et pro sustentatione prioris et collegiatorum ejusdem collegii insuper volo et ordino quod Johannes Berlandi, filius Petri, sit unus de collegiatis et habeat victum et vestitum in dicto collegio dum tamen velit continuare scholas et addicere per decem annos et ultra hoc dictum collegium, teneatur sibi providere si vult accedere ad studium generale et continuare dictum studium per quinque annos et si postea vult se promovere ad sacros ordines possit recipere titulum et ordinari facere super dicto collegio et si casus eveniebat quod studium in presenti civitate Burdigalensis desolaretur, volo quod dictus Johannes Berlandi sit unus exillis presbiteris per me in dicto testamento ordinatis, et si voluerit continuare studium et addicere, et sit bonæ vitæ et conversationis honestæ volo et ordino quod per priorem collegii et alios collegiatos accomodentur sibi libri mei ordinarii dum tamen ipse det fidejussores sufficientes de reddendo et restituendo dictos libros infra certum tempus dicto collegio seu priori ejusdem collegii;

Item volo et ordino quod quidquid debetur mihi ratione ecclesiæ de Rinoncio tradatur et assignetur Bosoni Paulini, magistro domus mea, et ipse si forsan petebat viginti francos quos assignavi eidem pro pentione sua annuatim solvenda super dicta ecclesia, volo quòd computetur quod recepit decimam Sancti Quintini et de prepositura de Laureo-Monte et summæ pecuniæ quas tradido sibi et etiam vende ei retrevande hospicii quod emit in deductionem predictæ summæ et sic fiat calculatio hinc inde;

Item ordinavi in testamento meo quod capellanus capellaniæ Sancti-Raphaelis esset oriundus de parochia Sancti-Petri de Avensano, et quia video quod ex negligentia capellani qui est de presenti non fit servitium debitum in dicta ecclesia de Avensano neque in dicta capella, volo et ordono quod capellanus qui habuerit curam et regimen dictæ ecclesiæ de Avensano habeat illam cotam de fructibus capellæ predictæ quam assignaveram capellano oriendo de dicta parochia et quod teneatur celebrare unam missam in eadem ecclesia de Avensano in una septimana et aliam in predicta capella in sequenti septimana et sic continuando, ita tamen quod dicti fructus dictæ capellæ non computentur sibi in deductionem summæ per rectorem dictæ ecclesiæ dicto vicario annuatim pro servicio dictæ ecclesiæ debitæ;

Item quod donatio quam feci priori et collegiatis de ducentis nobilibus solvatur de dictis bonis mihi commissis ante omnia alia legata et quod ponantur in loco securo ad emendum decimas et redditus et proventus pro dicto collegio et quod non tradantur priori collegii nisi cum cautionibus sufficientibus receptis de exponendo dicta ducenta nobilia ut supra dictum est et de dicta donatione Petrus de Landa recepit cartam, et me Petro de Landa Bordegalæ publica auctoritate regia notario qui predictorum testamenti et codecilli solemnorum *(sic)* apperitioni, inspectioni, lectioni acquitioni et publicationi caterisque omnibus et singulis præmissis dum sic, ut præmittitur, fierent et agerentur coram prælibato domino vicario et decano supranominato una cum prenominatis testibus presens interfui, et ea sic fieri vidi et audivi et ex is notam sumpsi ex qua hoc presens publicum instrumentum, alterius manu, me alius legitime occupato negotiis fideliter scriptum extraxi in hanc publicam formam redigendo.

Signoque et nomine meis de mandato ipsius domini vicarii et decani signavi una cum sigilli curia venerabilis et circumspecti viri domini officialis Burdegalensis appensione vocatus et requisitus in testimonium omnium et singularum præmissorum.

Transsumptum ex originali per me Johannem Bertheau, presbiterum, archidiaconum Fronsaci in ecclesia metropolitana, secretarium Illustrissimi et Reverendissimi D. D. Cardinalis de Sourdis, archiepiscopi Burdigalensis Aquitaniæ primatis id que jussu ejusdem illustrissimi domini cardinalis quod quidem originale sanum et integrum ac in membrana descriptum exhibitum fuit per venerabilem virum magistrum Petrum Palisse, presbiterum primarium seminarii Burdigalensis, statim qui illi redictum, presentibus ibidem magistris Michaële Gaussem, presbitero, et Petro Montassier, acolytis Burdigalæ commorantibus, testibus ad id vocatis atque rogatis, qui mecum una cum dicto domino de Pallisse subscripsere.

Burdegalæ, die duodecima mensis januarii, anno Domini millesimo sexcentesimo vigesimo octavo.

    (Signé) BERTHEAU,
         Secretarius archiepis. Burdigalensis.
    (Signés) PALLISSE, presens.
         GAUSSENTIUS, presens.

TEXTE FRANÇAIS

Au nom de Notre-Seigneur Jésus-Christ, ainsi soit-il ! A tous et à chacun, présents et à venir, qui liront ou entendront lire le présent acte public, nous, Milon Dilhiers, docteur en l'un et l'autre droit, doyen de Chartres, conseiller du roi très chrétien en sa cour du Parlement, vicaire général pour le spirituel et pour le temporel du très révérend, dans le Christ, père et seigneur Blaise, par la miséricorde divine actuellement archevêque de Bordeaux, salut, paix et joie dans l'auteur de la paix, le seul Dieu et Seigneur Jésus-Christ, qui a créé dans son précieux sang son unique Epouse la sainte Eglise catholique ; et les prions d'ajouter aux présentes complète créance.

Sachez que sont venus en notre présente les sieurs Pierre Martin, aumônier; Gailhard Martin, sacriste dans l'église Saint-André de Bordeaux; Raymond du Godet, Léonard de Ségonie, prêtres, hommes respectables et discrets, exécuteurs du dernier testament solennel ou volonté suprême du très révérend, dans le Christ, père et seigneur Pierre, par la miséricorde divine jadis archevêque de Bordeaux et maintenant défunt de cette vie. Lequel dernier testament et le dernier codicille renfermés et scellés de son vivant, par le seigneur Pierre dans deux cédules de papier, le samedi cinquième jour du mois de février de l'an de l'Incarnation quatorze cents cinquante-six; nous avons reconnu porter la signature du sieur de Lande, notaire public perpétuel, et de sept témoins présents à la fermeture des dits actes; desquels témoins les noms et prénoms sont ceux qui suivent :

Guillaume de la Cour; Bernard Depuy; Jean Fabre, vicaire de l'église de Sainte-Colombe de Bordeaux; Arnaud Vital; Jean Peyson, Pierre Gombaud, et Jacques Fillon, prêtres.

Et le dit codicille a été clos le mardi, douzième jour du mois de juillet, de l'an du Seigneur quatorze cents cinquante-sept, signé du sieur Lande, notaire, et des sieurs Jean de Lapoujade, Arnaud de Lafourcade, Guillaume de la Cour, Pierre Contet, Pierre d'Aubiac, Guillaume Helie et Jean Prévôt, prêtres: lesquels nous l'ont présenté, exhibé et montré, à nous vicaire désigné, nous suppliant humblement et nous requérant nous et notre office, afin que, en qualité de juge compétent, nous fassions ouvrir les dits testament et codicille fermés et scellés comme il a été dit plus haut, examiner l'écriture y contenue et lire publiquement devant nous, et que nous ordonnions qu'ils soient transcrits et rédigés en publique et due forme.

Nous donc, vicaire susnommé, considérant qu'il ne faut pas refuser satisfaction à ceux qui font une juste demande, nous rappelant en outre la parole de cet empereur qui a promulgué la loi civile, à savoir : « Qu'il n'est rien à quoi les hommes aient « plus de droits, qu'à l'exécution de leurs volontés suprêmes, « puisqu'ensuite il ne leur est plus loisible de rien vouloir »; vu les susdites signatures des susdits témoins avec le concours desquels le testament et le codicille ont été fermés et scellés, et qui ont déposé devant nous, l'un après l'autre, que c'était bien véritablement le dernier codicille du dit seigneur Pierre, et qu'ils y avaient apposé leur signature, à la demande et requête du seigneur Pierre ; étant bien constaté par nous que le dit seigneur testateur a terminé ses jours ; nous avons lu les dits testament et codicille l'un après l'autre, mot à mot, en présence des dits exécuteurs et des témoins nommés ci-dessus.

Après lecture faite par nous, nous les publions à la demande et requête des dits exécuteurs, nous les tenons pour publics, et nous avons chargé maître Pierre de Lande, notaire, inscrit ci-dessous, d'en extraire et copier la véritable teneur en présence de quiconque, et de la rédiger en forme publique........ et nous ordonnons et mandons que la véritable copie en soit donnée et délivrée aux intéressés par ledit Pierre de Lande, notaire public, moyennant salaire convenable.

Le présent acte a été fait à Bordeaux, dans la chambre dudit Seigneur défunt, située en la maison du Collège des étudiants sur la paroisse de Saint-Paul, à six heures du soir, le mardi dix-septième jour du mois de janvier, de l'an de l'Incarnation du Verbe, quatorze cents cinquante-sept, sous le pontificat de notre très Saint-Père et seigneur, dans le Christ, Callixte III, pape par la clémence divine; la troisième année du règne de notre prince et seigneur très chrétien, Charles, roi de France par la grâce divine; sous l'épiscopat de notre révérendissime père et seigneur dans le Christ, Blaise, par la miséricorde divine archevêque de Bordeaux; en présence des hommes honorables et discrets : Guillaume d'Ornac, licencié en droit; Nicolas de Gibran, archidiacre de Médoc; Hélye de la Ville, scholastique; Gombaud Tydon, Gérard Leduc, Barthélemy Desfarge, Richard Brun, Arnaud Bonel, chanoines de l'église de Bordeaux; Dominique de Bordenave, Arnaud Constantin *(alias)* Cénac, Arnaud Raymond, Pierre Alby, prêtres; Amanieu Robert, recteur de l'église paroissiale de Saint-Martin-d'Eysines; Boson Paulin, administrateur de la maison dudit seigneur défunt; Théobald de Lande, Durand Clausel, Dominique de Fédembac, clercs, notaires publics; Jean de Brosseconde, receveur du susdit seigneur archevêque actuel; et Pierre de Sobrin, clerc, appelés et priés spécialement comme témoins. La teneur du testament et du codicile, ouverts l'un après l'autre, est telle qu'il suit :

« Au nom de la sainte et indivisible Trinité du Père, et du Fils,
« et du Saint-Esprit, ainsi soit-il ! Le Seigneur notre Rédemp-
« teur et Sauveur, voulant nous trouver prêts pour sa venue,
« nous a donné un bon conseil en disant : « Veillez et soyez pré-
« parés, parce que vous ne savez ni le jour ni l'heure, et à
« l'heure que vous ne pensez pas, le Fils de l'homme viendra,
« et alors chacun devra rendre compte de ses actions »; et ceux
« qui pour le bien des autres ont plus reçu en cette vie, seront
« tenus à un compte plus sévère. Et parce que cette heure est
« inconnue à la fragilité humaine à moins qu'elle ne soit révélée
« par la divine clémence, moi, Pierre, par la divine miséricorde,
« et, comme je le crois, par la disposition d'en haut, humble
« ministre de l'église métropolitaine de Bordeaux, archevêque
« indigne, et appelé pour mes péchés à une si grande charge,
« sain de corps et d'esprit, j'ai résolu, après de sérieuses ré-
» flexions, de me disposer à rendre compte à mon Seigneur
« Créateur des talents qui m'ont été confiés par Lui, quoiqu'il

« ne soit pas en ma puissance de lui payer parfaitement et con-
« venablement ma dette.

« Je recommande humblement et dévotement mon âme péche-
« resse à sa clémence et aux mérites de sa très Sainte Passion,
« avec le ferme espoir qu'ayant daigné me créer et me racheter,
« sa bonté daignera me prendre en pitié, non en vertu de mes
« propres mérites, et finalement me faire la grâce du salut, si
« j'ai et professe sa foi, si je crois à sa divinité et à son humanité
« enseignées par la foi catholique, à laquelle je désire vivre
« chaque jour, mourir, et paraître en présence de la divine ma-
« jesté de mon Seigneur Créateur et Rédempteur.

« En vérité, lorsque je repasse dans mon esprit et que je me
« rappelle mes péchés, mes crimes, mes iniquités, je suis gran-
« dement effrayé, et je redoute de venir en présence de mon
« juge; et si je n'espérais trouver des intercesseurs, mon âme
« resterait dans la désolation. Mais parce que je sais qu'il y a
« dans la cour de mon juge la très pieuse et bénigne avocate des
« pécheurs, à savoir, la glorieuse Vierge Marie, mère de mon
« juge qui exauce avec son ordinaire bonté tous ceux qui recou-
« rent à Elle avec humilité et dévotion, comme j'en ai fait l'expé-
« rience dans mes infirmités et besoins, encore que je l'aie beau-
« coup offensée; parce que je sais que sa bonté est plus grande
« que mon iniquité, je me tourne vers Elle, je me réfugie auprès
« d'Elle, et je me confie entièrement à sa protection.

« Je me confie aussi à mes patrons, seigneurs et bienheureux :
« Michel, Raphaël, archanges; Pierre, André, mes patrons, et
« Jacques, apôtres; Amand, Siméon, confesseurs, Pétronille et
« Catherine, vierges, et à tous les autres archanges, anges, apô-
« tres, patriarches, prophètes, martyrs, confesseurs, vierges, veu-
« ves, et à toute l'assemblée de la cour céleste, en les suppliant
« humblement et dévotement qu'ils daignent me secourir et in-
« tervenir pour moi auprès du Souverain juge, afin que je puisse
« trouver grâce et miséricorde aux yeux de sa Majesté, et lui
« rendre compte de l'administration des biens qu'Il m'a confiés.

« C'est pourquoi j'ai résolu en toute maturité de faire le règle-
« ment et la disposition de ces biens, de confectionner mon tes-

« tament, et de déclarer ma volonté dans cet acte, en la manière
« qui suit :

« Tout d'abord en faisant et ordonnant mon testament, et ma
« dernière volonté exprimée dans la teneur des présentes, avec
« les recommandations ci-dessus écrites, je choisis la sépulture
« de mon pauvre corps dans ladite église de Bordeaux, mon
« épouse (1), devant la chapelle de Saint-Blaise, tout près et au
« dehors du tabernacle où repose le corps très sacré de Notre-
« Seigneur Jésus-Christ. »

Et lorsque mon âme sera séparée de mon corps, je veux que celui-ci soit revêtu de mon vêtement noir et qu'il soit montré, en cet état, à mes exécuteurs testamentaires. Que du reste je doive être enseveli avec ce vêtement ou tout autre, j'en laisse la décision au bon plaisir de mes exécuteurs testamentaires; mais je veux qu'après que mon corps aura été ainsi revêtu, il soit porté avec les honneurs dûs à un pontife, à la grande chapelle du palais archiépiscopal et qu'il y reste pendant toute la nuit entouré de quatre torches; je veux et j'ordonne que les chapelains mes serviteurs soient tenus de dire tout le Psautier avec l'office des morts, et que le drap d'or que j'ai acheté moi-même, soit étendu sur mon corps.

Je veux et j'ordonne que mon humble dépouille soit mise dans la tombe de marbre qui est là établie pour ma sépulture, si du moins il arrive que je meure dans la ville de Bordeaux, dans le diocèse, ou dans quelque lieu assez proche pour que mes restes puissent être facilement transportés; enfin, que sur la tombe de la dite sépulture, il ne soit ajouté nulle pompe, nul ornement, si ce n'est en tant qu'ils contribueraient à l'honneur et à la gloire de Dieu et de l'Église ci-devant nommée.

De même, je veux et ordonne que cent cinquante nobles (2) d'or, du poids nouveau, soient pris sur mes biens pour le luminaire, les torches, les distributions du chœur, les messes hautes qui seront chantées jusqu'au trentième jour et pour les autres

---

(1) L'église primatiale de Saint-André.
(2) Nobles, *nobile, nobilia auri*, monnaie anglaise, appelée aussi Noble à la rose; la valeur en varie de vingt à vingt-quatre francs. (Du Cange ; Littré.)

dépenses nécessaires, pour les cérémonies funèbres du septième et du trentième jour, du bout de l'an, et du jour de ma sépulture. Treize torches seront portées par treize pauvres habillés d'étoffe blanche : chacun d'eux recevra deux sterlings (1) de la monnaie bordelaise, et un repas dans la demeure archiépiscopale. Ces frais seront payés encore avec les cent cinquante nobles susdits. Je veux et j'ordonne que maître Raymond de Goût, recteur de Tresses, mon familier (2), distribue les cent cinquante nobles en question de la manière que je viens d'indiquer;

De même, je veux et ordonne que cent vingt-cinq nobles, du même titre (3) que les précédents, soient pris sur mes biens pour payer les messes célébrées, une année durant, à mes intentions : c'est pourquoi lesdits cent vingt-cinq nobles seront distribués dans l'année, à partir du jour de ma mort, pour la célébration de ces messes : je veux et ordonne que vingt-cinq livres de ladite somme soient données au couvent de la Chartreuse de Vauclaire pour qu'on y célèbre des messes et qu'on y prie Dieu pour mon âme et pour celles de mes bienfaiteurs; que chaque couvent des religieux mendiants de Bordeaux reçoive dix livres de ladite somme pour célébrer ou faire célébrer les messes que je demande.

De même, je veux et ordonne que les moines de Cadouin reçoivent également dix livres de ladite somme à la charge de dire les messes ci-dessus demandées. Je veux et j'ordonne que lesdits cent vingt-cinq nobles soient distribués par maître Pierre Martin, surnommé Chic, mon familier.

De même, je veux et ordonne que cent vingt-cinq nobles soient pris sur mes biens et partagés aux pauvres de la manière suivante : un quart sera distribué à ceux qui assisteront aux cérémonies funèbres le jour de ma sépulture, le septième, le

---

(1) Sterling, *sterlinus*, *sterlingus*, *stellinus*, *esterlingus*, monnaie anglaise. Un sou sterling. Un denier sterling. Une livre sterling. La livre sterling vaut environ vingt-cinq francs. (Du Cange ; Littré.)

(2) On ne doit pas confondre *amicus* avec *familiaris*, *amicus* est celui avec lequel on a des relations de cœur, *familiaris* celui avec qui on a des rapports d'intérêts et d'administration et que l'on est obligé de voir souvent. Ce Raymond de Goût était sans doute un arrière-neveu du Pape Clément V. (BERTRAND DE GOTH.)

(3) *Cugnus, typus quo nummi percutiuntur et signantur.* (Du Cange.)

trentième jour et au bout de l'an; un autre quart sera distribué aux étudiants pauvres, soit en théologie, soit en droit canon, pourvu qu'ils soient ou qu'ils veuillent être au service de l'Eglise ou de Dieu; le troisième quart sera distribué aux pauvres infirmes et captifs qui ne peuvent aller mendier leur pain; le quatrième, enfin, sera destiné à marier les jeunes filles pauvres. Je veux et ordonne que cette distribution soit faite par Maître Léonard de Ségonie, mon serviteur et mon aumônier, qui se fera donner des quittances pour chaque paiement. En outre, je veux et ordonne qu'il soit donné à chacun desdits pauvres, qui assisteront à ma sépulture et aux cérémonies du septième, du trentième jour et du bout de l'an, un pain de même qualité que le pain mangé par mes familiers : je veux toutefois qu'il soit d'un poids supérieur à ceux qui se vendent dans la cité. Si, ce jour-là, ce don ne peut leur être fait, qu'on leur désigne un autre jour; mais qu'on distribue néanmoins une pipe du vin que les pauvres avaient, de mon temps, coutume de boire dans ma demeure archiépiscopale, et aussi un sterling de la monnaie de Bordeaux ;

De même, je veux et ordonne que tous les couvents des religieux mendiants qui viendront à ma sépulture en procession, avec croix en tête, reçoivent dix livres en monnaie courante et se nourrissent, ce jour-là, à mes frais, afin que tous se réjouissent et prient pour mon âme; je veux et ordonne pareillement que les religieuses Minimettes, les sœurs Augustines et les autres communautés perçoivent cinq livres, et que ces sommes, destinées aux frères et aux sœurs, soient prises sur mes autres biens, en dehors des nobles susdits dont j'ai déjà disposé;

De même, je veux et ordonne que chaque couvent de frères et de sœurs reçoivent un boisseau de froment pour pitance avec l'argent ci-dessus spécifié, et que ce froment soit pris sur le blé en grain que j'ai moi-même acheté;

De même, je veux et ordonne, que mes exécuteurs testamentaires soussignés reçoivent, au jour de ma sépulture, au septième, au trentième et au bout de l'an, la nourriture à mes frais et dépens ; qu'on donne jusqu'au trentième jour à tous mes familiers la nourriture et le logement dans la demeure archiépiscopale, les biens qui y seront trouvés paieront ces frais; que tous mes familiers, mes commensaux et mes exécuteurs testamentaires reçoivent un vêtement noir et soient payés sur mes biens, en dehors desdits nobles;

De même, je veux et ordonne, si quelques-uns de mes anciens paroissiens de Bouliac, de Quinsac et de Lormont viennent, selon l'usage, avec la croix et le drap d'or, qu'ils prennent leur repas avec mes familiers;

De même, je veux que les paroissiens des autres églises, s'ils viennent dans les mêmes conditions, participent aux mêmes avantages;

De même, je veux et ordonne que, si quelqu'un se plaint et réclame une dette, on examine la personne plaignante; en dehors des meuniers, des boulangers et des serviteurs attachés à mon service, je ne crois pas devoir, je l'affirme après examen, plus de vingt-cinq livres; je veux que lesdits serviteurs, qui ont coutume de toucher leur salaire par quartier, soient payés entièrement avec l'argent pris sur mes autres biens, en dehors des nobles sus-mentionnés. De même, une fois toute dette payée, voulant récompenser le travail de mes serviteurs, je donne et laisse à tous les prêtres mes familiers et mes commensaux un marc d'argent pour qu'ils prient Dieu pour moi et récitent le psautier et l'office des morts avant ma sépulture, comme il a été dit plus haut;

De même, je donne et lègue à Arnault Martin et à Bertrand Desblaux, prêtres et mes serviteurs, à chacun, dix livres de la susdite monnaie pour être payées en une fois avec mes autres biens;

De même, je tiens quitte Boson Paulin, mon maître d'hôtel, de l'argent qu'il a reçu en mon nom, et je lui lègue en plus trente francs de la susdite monnaie pour lui être, une fois payés, en sus de son salaire;

De même, je donne et lègue à chacun de mes autres domestiques séculiers et à la mère servante cent sols, pour être, une fois payés, en plus de leur salaire.

De même, je donne et lègue à maître Raymond de Goût et à Pierre Albi, mes serviteurs, le lit dans lequel ledit Raymond a l'habitude de dormir ;

De même, je donne à maître Léonard de Ségonie et à Jean de Saint-Martin, surnommé le Basque, mes serviteurs, le lit dans lequel ils ont coutume de dormir ;

De même, je donne à Jean de Focquerie, bachelier en droit, mon procureur, le lit dans lequel il dort ;

De même, je donne à mon portier, Pierre Seguin, surnommé le Galan, le lit dans lequel il dort ;

De même, je donne et lègue à Bureau, mon serviteur, le lit dans lequel il dort ;

De même, je donne et lègue à Bosyon Paulin, mon majordome, une tasse d'argent, en plus du legs que je lui ai fait dans ce testament, et en outre ce qui m'est dû par maître Nicolas de Reyssac pour l'église de Rions ;

De même, je donne et lègue à maître Pierre Ruphe, prêtre, mon confesseur, une autre tasse d'argent de la valeur d'un marc ;

De même, je donne et lègue à maître Pierre Albi, mon serviteur, et à tous les autres prêtres, mes serviteurs, une tasse de la valeur d'un marc ; de même, je donne et lègue aussi à maître Guillaume Bec, docteur en droit, chanoine et chantre de ladite église, une tasse ciselée, à condition qu'il veuille se charger de l'exécution de mon testament ; s'il refuse, je veux et ordonne que ladite tasse ciselée soit vendue au plus offrant ;

De même, je veux et ordonne que le gobelet dans lequel je bois soit donné avec son couvercle à l'archevêque, mon successeur ;

De même, je veux et ordonne que le legs que j'ai fait à Jean de Saint-Martin, surnommé le Basque, mon serviteur, à savoir, de cent francs de la monnaie qui a cours à Bordeaux, soit payé comme il suit : maître Gaillard Martin, sacriste de mon église, mon exécuteur testamentaire, ou tout autre chargé d'acquitter mes legs, paiera dans les trente jours, réellement avec l'argent pris sur mes biens, à Jean de Saint-Martin cinquante livres ; mes héritiers paieront les autres cinquante livres ;

De même, je donne et lègue à Michel Jean, étudiant dans mon collège, vingt francs de la monnaie bordelaise pour acheter des livres ;

De même, je veux et ordonne que l'argent qui m'est dû par le prieur des Chartreux lui soit laissé, aussi bien que tout ce qu'il peut avoir m'appartenant, pourvu qu'il fasse célébrer une messe tous les jours jusqu'à la fin de l'année, et, dans la suite, une messe chaque vendredi, ainsi que je l'ai commandé ailleurs ;

De même, je donne et lègue à Pierre Labric, mon serviteur, quatre nobles du titre indiqué ci-dessus ;

De même, je donne et lègue à mon filleul, Pierre de Brugar, pour qu'il aille aux écoles, vingt livres, une fois payés ;

De même, je veux et ordonne que Pierre Berland, s'il veut succéder à son frère, comme héritier, mette en commun la somme que je lui ai donnée lorsqu'il s'est marié à Lormont, et revienne habiter dans la maison paternelle ;

De même, je donne, lègue et laisse, sur les biens que j'ai acquis et sur ceux qui me sont dus, à chaque hôpital de la ville de Bordeaux, ainsi qu'à celui de Saint-Julien, *extra muros,* cent sols de ladite monnaie dont une moitié sera employée pour la nourriture des hospitaliers et l'entretien de chaque hôpital, et l'autre moitié sera distribuée aux pauvres, aux infirmes surtout, en leur enjoignant de prier pour moi ;

De même, je donne aux lépreux, s'il y en a encore au palais Gallien, ou ailleurs dans la cité, ou dans le diocèse de Bordeaux, et, à leur défaut, aux Gehets ou Gahets qui demeurent hors les murs de Bordeaux (1) cent sols de ladite monnaie, une fois payés, et à chacun des hôpitaux sus-nommés un boisseau de froment qui sera partagé de la même manière que l'argent susdit ;

---

(1) Non loin de la porte Saint-Julien, l'église de Saint-Nicolas qui, dans le principe, n'était pas paroisse, était destinée à ceux qu'on prétendait être atteints de la ladrerie ou de la lèpre.

Ce genre d'hommes, qui étaient alors assez communs dans les provinces méridionales de la France, étaient appelés cagots, capots, etc. Ils n'étaient guère connus dans le pays bordelais que sous le nom de Gaffets, ou Gahets, dénomination qui dérive du mot gascon Gahar, qui signifie s'attraper, s'attacher.

On les nommait aussi Gézits ou Gézitains, de Giézi, serviteur d'Elisée, qui fut frappé de la lèpre pour ses péchés à l'égard de Naaman. C'est sans doute ce qui explique ce double terme dans cette clause *Gessetis, sive Gaffetis commorantes extra muros.*

De même, je donne et lègue au chapelain et à l'hospitalier dudit hospice Saint-Pierre, pour leur subsistance et pour celle des pauvres, la dîme que j'ai achetée du seigneur de Duras, dans la paroisse de Ludon, avec l'acte passé par Pierre de Lande, notaire public;

De même, je veux et ordonne que la part de la dîme que j'ai acquise du seigneur Captal (de Buch), dans la paroisse de Soussans, demeure audit hôpital. Si cette dîme venait à être rachetée, et si, par suite, on rendait les cent nobles d'or que j'ai déboursés, il faudrait s'en servir pour acheter d'autres revenus pour ledit hôpital, et pour faire dire dans l'église de Moulis quatre messes d'anniversaires pour ma mère. Pour chaque anniversaire, on donnera vingt francs au vicaire de cette église. Si la dîme en question n'est pas rachetée, si le susdit hôpital en garde la jouissance, le chapelain et l'hospitalier seront tenus de payer annuellement audit vicaire, à raison de ladite dîme, quatre livres, tant qu'ils jouiront de cette dîme, et cela, tous les ans, le jour de la fête du bienheureux apôtre André;

De même, je veux et ordonne que le doyen et les chanoines de Saint-Seurin, lorsqu'il s'agira du changement de l'hospitalier et du chapelain, députent un délégué chargé de faire l'inventaire des biens et de tous les objets qui appartiennent audit hôpital; le tout sera ensuite remis à l'hospitalier à la condition de ne rien vendre, de ne rien aliéner et de faire, au contraire, à son entrée dans ladite maison, don de sa personne et de ses biens audit hôpital;

De même, j'ai acheté au seigneur de Montferrand la moitié de la dîme qu'il possédait lui-même dans la paroisse de Ludon; pour cette acquisition, j'ai payé la somme de cinq cents francs; l'autre moitié de cette dîme a été achetée par le chapelain de mon église; or, je donne et lègue ma portion à l'hospitalier, aux pauvres et au prêtre de l'hôpital précité, à la charge pour ce dernier de célébrer ou faire célébrer, chaque samedi, une messe avec l'office de la glorieuse Vierge Marie, dans la chapelle de l'église de Saint-Seurin; et à la charge encore pour ce prêtre d'aider à la célébration de l'office divin dans cette église; je donne et lègue, pour la célébration de cette messe, un calice orné de mes armes, un petit missel et un ornement sacerdotal avec un coffret destiné à enfermer ces divers objets. Je défends, sous peine d'excommunication, qu'on enlève jamais ces objets de ladite église;

De même, je veux et ordonne que le chapelain et l'hospitalier, ci-devant nommés, soient dans l'obligation de payer soixante sols de la susdite monnaie au doyen et au chapitre de Saint-Seurin, à la charge de célébrer, chaque année, un anniversaire dans cette même église;

De même, je donne, lègue et laisse, pour la conservation et l'entretien dudit hôpital, la dîme que j'ai acquise dans la paroisse de Soussans, en Médoc, de la dame de Roquetaillade, comme il appert par acte écrit par Jean de Meyre, notaire impérial;

De même, j'approuve, ratifie et confirme la fondation et la dotation dudit hôpital, telles que je les ai faites, comme il appert par l'acte public fait et passé par maître Henri Veyre, mon secrétaire, et Arnault Pierre, notaire impérial;

De même, je veux et ordonne que le seigneur Gaston de Lila, chevalier et héritier de seigneur Tristan de Lila et de dame Blanche de Podensac, son épouse, qui me devaient trois cents francs de ladite monnaie par acte passé devant Pierre de Lande, paye au vicaire de Moulis deux cents francs en quatre ans, ou qu'il lui donne dix livres de rente qui représentent le cinquième de toute la somme; s'il s'y refuse, mes héritiers exigeront la somme entière, et en donneront audit vicaire la moitié pour acheter des rentes ou revenus d'un autre genre pour lui et ses successeurs, à charge de célébrer dans ladite église le septième jour du mois de mars une messe et de visiter la tombe de ma mère qui est là devant l'autel de la Vierge Marie;

De même, moi, archevêque, sus désigné, en connaissance de cause et de mon propre mouvement, je révoque et annule, par le présent testament, toute donation et disposition précédentes au sujet de la portion assignée à Saint-Pierre d'Avensan et à Moulis; et je reconnais, ratifie et approuve toutes les dispositions et conditions prises et contenues dans l'acte public passé devant Jean de Meyre, notaire impérial, le quatorzième jour du mois de novembre de l'année mille quatre cent quarante-neuf. Pierre Berland, qui est le chef de ma maison paternelle, conserve cet acte ; je veux et ordonne que cet acte reste entre ses mains et dans celles de ceux qui lui succéderont par droit de naissance, et feront leur résidence dans ladite maison ;

De même, j'ai construit et bâti à neuf dans ladite paroisse d'Avensan une chapelle, je veux et ordonne que le chapelain ait l'administration de ladite portion et les revenus reçus de la main à la main ; toutefois, les donations et les offrandes seront divisées en trois parts : le prêtre, qui aura la charge de ladite église d'Avensan, aura une part ; le prêtre, administrateur de la susdite portion, en aura une autre ; le chef de ma maison paternelle, mon consanguin, aura la troisième part pour l'entretien de la toiture de la susdite chapelle. La cire, qui y sera offerte, restera pour le service divin ;

De même, je veux et ordonne que les calices, croix et ornements que j'ai légués, achetés et livrés aux paroissiens des églises d'Avensan et de Moulis, soient gardés par les paroissiens eux-mêmes, et soient livrés audit prêtre pour célébrer dans lesdites églises et chapelle, et non ailleurs ; j'ai donné aussi pour ladite chapelle un calice en argent, un autre en étain et un ornement sacerdotal ;

De même, j'ai ordonné et fondé une messe dans l'église de Bouliac ; elle sera célébrée le lundi en l'honneur des anges. Pour cette fondation, j'ai acheté une métairie à Amanieu de Bralie, et la moitié de la dîme de ladite paroisse de Bouliac au seigneur d'Anglade. Je veux et ordonne que le curé ou le vicaire perpétuel et le prêtre auxiliaire de cette église choisissent un prêtre dans la paroisse ou dans une autre paroisse pourvu qu'il leur paraisse honnête, et lui assignent, tant qu'il fera le service, lesdits revenus aux conditions indiquées pour Avensan.

De même, j'ai réglé qu'une messe de la croix « *de cruce* » serait célébrée le vendredi, à perpétuité, dans l'église de Saint-Michel de Bordeaux. Dans ce but, j'ai acheté une ferme dans la paroisse de Saint-Caprais. Je veux et ordonne que le prieur de mon collége, dont il sera fait bientôt mention, soit tenu à célébrer ou à faire célébrer ladite messe. Il priera pour moi et pour l'âme de maître Raymond de Bruges qui m'apprit à écrire et qui est enseveli dans ladite église (1), et pour sa femme; il visitera leur sépulture. Une fois le prêtre, qui aura dit la messe, payé, les revenus de ladite ferme appartiendront audit collége ;

De même, je donne, lègue et laisse cent francs de la susdite monnaie pour acheter et acquérir rente, revenus, décime, ou autre chose de ce genre, pour l'entretien d'un prêtre qui aidera le vicaire de Quinsac, le dimanche et les jours de fêtes solennelles à célébrer les offices divins dans ladite église. Ce prêtre dira chaque dimanche la messe de la très Sainte Trinité et récitera, s'il en a la dévotion, l'office de la Sainte Vierge avant ou après. Je veux et ordonne qu'il ait — et je le lui assigne par le présent testament — pour logement la maison que j'ai achetée dans ladite paroisse de Quinsac, avec les terres, les vignes et toutes les dépendances. La dîme toutefois pourra être perçue sur le blé de cette terre qui relève féodalement de Gérard de Mote; néanmoins, j'en suis réellement le propriétaire ainsi que le témoigne l'acte passé devant Jean de Meyre, notaire impérial ;

De même, je donne, lègue et laisse à ladite église de Quinsac et aux paroissiens de ladite église un calice, marqué de mes armes, pour qu'il serve au chapelain à dire la messe aux jours désignés; j'ai déjà donné aux paroissiens ce calice, un ornement et un missel;

De même, je donne, lègue et laisse à l'église et aux paroissiens de Lormont, pour le service divin, un calice d'argent doré, orné de mes armes; je veux — je fais cette réserve pour moi et pour

---

(1) Pey Berland fit enterrer Raymond de Bruges et sa femme dans la partie la plus orientale de l'église de Saint-Michel de Bordeaux, et chargea le prieur de Saint-Raphaël de célébrer tous les vendredis de l'année une messe pour le repos de son âme et de celle de sa femme. Afin de soutenir cette pieuse fondation, cet obit consacré par la reconnaissance, il donna au susdit prieur un bourdieu ou métairie qu'il avait acheté dans la paroisse de Saint-Caprais : « unum Bordile quod emi in parochia Sancti-Caprasii. » Il mit pour condition à cette donation que le prieur ferait ce jour-là ce qu'on appelait des visitances, c'est-à-dire des prières solennelles sur la sépulture de ce maître écrivain. *Et visare sepulturam magestri Raymondi de Burgiis. Qui me instruxit ad scribendum.* Le nouveau dallage de l'église a fait disparaître les pierres qui couvraient ces deux sépultures.

mes successeurs — que, lorsque nous serons à Lormont, ledit calice, si besoin est, nous soit livré sans difficultés pour célébrer la messe dans la chapelle de notre maison, sise en ladite paroisse;

De même, je donne, lègue et laisse au vicaire de cette même paroisse vingt francs pour acheter une rente et fonder une messe qui sera célébrée annuellement le jour anniversaire de ma sépulture;

De même, je donne et lègue pour célébrer les offices divins dans ladite église un missel neuf et complet, à la condition que les paroissiens ne puissent ni le vendre, ni l'aliéner. Ce missel je l'ai déjà livré;

De même, je donne et lègue à Pierre Berland, mon frère consanguin, vingt-cinq boisseaux de mil, et à chacun de mes frère et neveux une pipe de vin une fois payée, et pour cela, comme pour mes biens paternels, j'institue lui et ses enfants mes héritiers pour une égale part, à la condition qu'ils habitent dans la maison paternelle; autrement je veux et ordonne que ceux qui n'y habiteront pas ne reçoivent rien de la part qui me revient, et qui se compose de la moitié de tout l'héritage, et que cette part soit acquise à celui qui résidera dans ladite maison, ou à ceux qui y résideront, à la condition de ne pas l'aliéner, non plus que la moitié de la maison que j'ai acquise pour eux dans la paroisse de Saint-Paul de Bordeaux, au nom de Pierre Berland, autrement dit Forthim, mais que ce legs reste toujours à ceux qui résideront dans ladite maison paternelle;

De même, je donne, lègue et laisse pour le luminaire des églises d'Avensan, de Moulis et de Castelnau cent sous de monnaie, comme il est dit plus haut, une fois payés, afin que les paroissiens desdites églises soient tenus de prier Dieu pour le salut de mon âme et de celle de mes parents et bienfaiteurs; de même, j'ai donné cent nobles pour acheter une part de dîme au seigneur Tristan, et j'ordonne que le revenu soit employé à augmenter la rétribution du prêtre qui célèbre la messe du matin, en l'honneur de la Sainte Trinité, les jours de dimanche, dans l'église cathédrale, mon épouse chérie, et que le célébrant, les chanoines, prêtres et clercs soient tenus de prier Dieu pour moi, mes prédécesseurs et mes successeurs, mes parents et mes bienfaiteurs, et de visiter mon tombeau, en récitant les prières ordinaires, comme c'est la coutume de le faire dans ladite église lorsqu'on visite les tombes où reposent les défunts;

De même, le seigneur de Duras me doit trente nobles d'or tout neufs, comme il apparaît par une obligation de son père scellée de son sceau, et quatre coupes d'argent du poids d'un marc que je lui ai prêtées, et je veux que ces dettes lui soient remises, parce qu'il m'a donné la permission de construire une chapelle sur son domaine;

De même, les héritiers de Naudin Bruno, marchand, me doivent cent francs par un titre et un billet écrit de leur main, et scellé de leur sceau, et je veux que par cette déclaration, ils soient tenus quittes des autres sommes qu'ils me doivent;

De même, je loue, approuve et ratifie et autant que de besoin, j'ordonne que la décime, autrement dit la dîme de Carda, qui est dans la paroisse de Sainte-Hélène de la lande, que j'ai acquise pendant que j'étais chanoine, et que j'ai attribué à mes frères les seigneurs doyen et chanoines de l'église cathédrale mon épouse, appartienne et demeure à perpétuité à mes dits frères, afin qu'ils soient tenus chaque année, le jour de la fête de Sainte-Pétronille, de célébrer une messe anniversaire, comme c'est la coutume pour les chanoines.

De même, j'assigne et je transfère à mes frères le doyen et les membres du chapitre tous les droits que je possède sur la dîme de Saint-Vivien, dont j'ai acquis le quart, et je veux et ordonne que lesdits doyen et membres du chapitre célèbrent chaque année mon anniversaire par une messe avec une pompe convenable, comme c'est la coutume pour les archevêques, le jour même de l'anniversaire de ma mort, si c'est possible, autrement le jour le plus rapproché. J'ai acquis cette partie de dîme pour mon second anniversaire.

De même, j'ai acquis de Gérard de Mote, paroissien de Cambes et habitant de cette paroisse, une petite dîme qui est dans les paroisses de Bouillac et de la Tresne, et je l'ai assignée pour célébrer une messe dans mon église cathédrale, chaque jeudi à perpétuité, dans la chapelle de Saint-Blaise, à la gloire de Dieu et de la bienheureuse Vierge et de Saint-André. Pour la célébration de cette messe, je désigne le prieur du collège des Étudiants, fondé par moi dans la paroisse de Saint-Paul de cette ville. Il sera tenu, au jour indiqué ci-dessus, de célébrer ou de faire célébrer la messe dans la dite chapelle, et après la messe de visiter mon tombeau, avec aspersion d'eau bénite, et de dire les oraisons d'usage. Si le prieur omet la célébration de cette messe, le chanoine chargé des anniversaires désignera un prêtre pour célébrer la dite messe aux frais du dit prieur, et je veux et ordonne que le dit prieur, qui sera alors en fonction, recueille et perçoive les fruits et les revenus de la dîme susdite, ou en dispose à sa volonté, et qu'elle appartienne toujours au prieur et à ses successeurs.

De même, bien que dans la constitution du dit collège, j'ai réglé ce qui concerne l'élection du prieur, comme je sais par expérience que le prieur actuel néglige de célébrer la dite messe dans la dite chapelle, je veux et ordonne qu'après mon décès, et celui du prieur actuel, les membres du dit collège qui y résideront alors élisent et soient tenus d'élire comme prieur un prébendé de mon église cathédrale, homme probe, chaste, de bonne vie et d'une conduite honorable, en lui imposant les conditions contenues dans le présent testament. Ce prieur ne devra pas avoir de bénéfice curial, ou un autre incompatible, et il devra être attaché pour le service divin à cette même église cathédrale. Il célébrera ou fera célébrer la dite messe dans la dite chapelle, sinon le chanoine chargé des anniversaires y pourvoira comme il a été dit plus haut.

De même, je donne, lègue, assigne et laisse, pour célébrer le service divin dans la dite chapelle de Saint-Blaise, le bréviaire déposé dans une armoire près de mon tombeau, et je veux qu'il soit laissé dans ce lieu. Je donne aussi le missel que j'ai fait transcrire pendant que j'étais chanoine, ainsi qu'un calice et un ornement sacerdotal, avec le coffre qui se trouve dans la même chapelle. J'ai acquis tous ces objets quand j'étais chanoine. Quant au missel neuf que j'ai fait transcrire après que je fus devenu archevêque, je veux qu'il soit rapporté à la chapelle archiépiscopale, parce qu'il lui appartient, et que je l'ai fait transcrire pour cette chapelle.

De même, je donne, lègue et laisse au prieur et aux étudiants du dit collège fondé par moi dans la paroisse de Saint-Paul de Bordeaux, et à leurs successeurs tous et chacun de mes livres, à la condition de ne pas les vendre ni les aliéner, et je veux qu'ils appartiennent toujours au dit collège, tels qu'ils sont énumérés dans un catalogue. Quant aux autres livres qui sont aussi inscrits sur le même catalogue, et dont quelques-uns, comme cela est mentionné dans le catalogue, ont été trouvés à l'archevêché, je veux qu'ils soient réservés et remis à mon successeur. D'autres appartiennent à l'église cathédrale et au chapitre, et leur seront restitués. Je veux aussi et j'ordonne que si mes successeurs désirent avoir les sermons de Maître Vincent, surtout pour s'en servir pour la prédication, on les leur prête pour un temps et qu'ils s'engagent à les restituer.

De même, je veux et ordonne que si le collège désigné plus haut ne réalisait pas le but de sa fondation, ou s'il venait à être détruit dans l'avenir, de telle sorte qu'il ne se composât plus que d'étudiants laïques, dans ce cas les dits livres soient partagés de la manière suivante : que les archevêques, mes successeurs, aient tous les livres que j'ai achetés et acquis après être devenu archevêque ; et que de même le chapitre de Bordeaux reçoive les livres que j'ai acquis pendant que j'étais chanoine, comme l'indique une note mise sur chaque livre, ainsi qu'un catalogue spécial. Quant aux autres livres inscrits de ma main dans ce même catalogue, je veux qu'ils soient vendus, et que le prix ou les livres eux-mêmes soient donnés à de pauvres étudiants, s'il s'en trouve des paroisses d'Avensan et de Moulis, sinon qu'ils soient vendus, et que le prix soit distribué comme il est dit plus haut.

De même, je veux et ordonne que les dits livres soient déposés dans le dit collège, dans le lieu désigné par moi, et je défends absolument, sous peine d'excommunication, que nous fulminons dans le présent testament que personne n'enlève de ce lieu, ou n'emporte en dehors du collège quelqu'un desdits livres. Si quelqu'un viole cette défense, qu'il soit excommunié, sauf le cas où mon successeur aurait besoin de quelqu'un des dits livres. Dans ce cas qu'on le lui prête pour un temps assez court, et à la condition que lui-même donne en gage au prieur et aux membres du collège un autre livre d'égale valeur en mémoire du prêt.

De même, je loue, approuve et ratifie l'établissement, le règlement et la fondation du dit collège fondé par moi, et je veux et ordonne que toutes les règles contenues dans la charte de fondation soient observées et maintenues comme le porte le titre reçu par Jean de Meyre, sauf les modifications et additions contenues dans le présent testament et dans un codicille ou autres dispositions faites par moi. S'il se trouve dans la présente ville des étudiants en théologie ou en droit canon, je veux que, avec l'aide des professeurs du collège, ils puissent suivre les cours de l'Université et rester pendant cinq ans dans le dit collège; je veux aussi qu'ils reçoivent la nourriture sur les revenus du collège, comme s'ils y habitaient. Pour ceux qui y résideront, qu'ils soient occupés à l'étude, et qu'ils y reçoivent la nourriture pendant cinq ans, et s'ils veulent suivre les cours de l'Université, qu'ils soient traités comme les premiers pendant cinq autres années; sinon, qu'ils vivent à leur guise en dehors du collège, et soient traités comme les non résidants. Je veux cependant qu'avant tout il soit pourvu à l'entretien de ceux qui résident dans le dit collège, et qu'il y ait un serviteur pour le service de trois étudiants. Avec le surplus des revenus qu'on assiste les non résidants, si les ressources le permettent;

De même, s'il arrive que tous les étudiants voulus par la règle, c'est-à-dire au nombre de douze, ne puissent pas avoir un entretien suffisant sur les revenus du collège, je veux qu'on en reçoive autant que les revenus permettront d'en entretenir, et s'il se trouve des étudiants qui veuillent contribuer à la table, je veux et ordonne qu'ils soient reçus et admis jusqu'au dit nombre de douze, et qu'ils aient des chambres dans le dit collège, si cela convient au prieur et aux étudiants, pourvu toutefois qu'ils soient d'une vie honnête.

De même, je donne et lègue au prieur et aux étudiants du collège quatre nappes et quatre manuterges d'une valeur convenable.

De même, je donne et lègue aux dits prieur et étudiants du collège, les dîmes que j'ai acquises dans les paroisses de Lignan, de Beaurech et de Tresses, et dix livres de rente que me doit Laurent Baudrie par titre reçu par Pierre de Lande notaire public par autorité impériale et royale, et dix livres que me doit Gérard de Mote, ainsi que vingt livres à moi dues par Arnauld Bruno, paroissiens de Saint-Maixent, avec droit de recours légal. Si ces créances sont recouvrées, je veux que la somme de quatre cents francs comptée par moi soit jointe aux autres revenus et dîmes; de même, dix livres et dix sous de rente que j'ai acquis aux ventes publiques de Pierre de Laban, dans la paroisse de Beaurech : Jaubert de Géne a reçu le titre; de même, sept livres et dix sous que j'ai acquis de noble femme Létisse d'Androne, dans les paroisses de Bouliac et de La Tresne : Jean|de Meyre a reçu le titre ;

De même, je donne et lègue aux dits prieur et étudiants du susdit collège, et à leurs successeurs, tous les fruits et revenus de la ferme avec les vignes et les terres arables, et les autres appartenances que j'ai acquis dans la paroisse de Saint-Caprais, à condition qu'ils fassent célébrer dans l'église de Saint-Michel de Bordeaux, chaque vendredi à perpétuité, une messe de la Croix, aux conditions énoncées plus haut, en mémoire et à l'honneur de la Passion de N.-S. Jésus-Christ ;

De même, je donne, lègue et laisse aux Révérends Pères en Jésus-Christ les seigneurs et archevêques, mes successeurs, six livres de la monnaie courante de Bordeaux, payables chaque année. Cette somme est la rente de deux maisons situées dans la rue des Ayres, et que j'ai données récemment en fief à Marie de Forton, épouse d'Élie Furnérie, et je veux et ordonne que cette somme soit reçue en compensation de la rente de quatorze sous de la dite monnaie que l'archevêque de Bordeaux possède sur les maisons avec un jardin, qui sont situées dans la paroisse de Saint-Paul de Bordeaux, et qui ont appartenu au sieur Raymond de Cussac, autrefois chanoine de l'église cathédrale de Bordeaux, maisons que j'ai achetées et acquises pour le dit collège, auquel, par ordonnance formelle, j'ai donné et donne comme patrons, protecteurs et défenseurs, mes successeurs, les seigneurs archevêques de Bordeaux. Je les supplie de vouloir bien, si c'est leur bon plaisir, protéger le dit collège, ainsi que le prieur et les étudiants, et soutenir, défendre et augmenter leurs droits, et à l'avènement de chaque archevêque, je veux et ordonne, comme je l'ai ordonné dans le titre de fondation du dit collège, que le prieur soit tenu de reconnaître comme seigneur et patron le dit seigneur archevêque, et de lui payer un marc d'argent à l'occasion de son avènement, et je veux qu'il en soit ainsi. De même, j'ai acquis pour mes dits successeurs toutes les rentes que Richard Bonelli avait au lieu de Calamiac, dans la paroisse de Sadirac, par acte reçu par Jean de Meyre. De même, j'ai acquis pour moi et mes successeurs de Dame-Blanche de Podensac une partie de la dîme de Cubzac, par acte reçu par Pierre de Lande.

De même, je veux, ordonne et dispose que, si par hasard il se trouvait des étudiants qui voulussent prolonger leur séjour dans le collège et continuer leurs études, je veux que le doyen et les chanoines alors existant dans le chapitre de la cathédrale, et non le chanoine de semaine, choisissent trois prêtres du Médoc, hommes probes, honnêtes et de bonne réputation, qui n'aient pas de bénifices curiaux, ni de maisons à eux dans la ville de Bordeaux, et s'il s'en trouve de tels parmi les prébendés, surtout originaires du Médoc, je veux et ordonne qu'ils soient présentés aux seigneurs archevêques mes successeurs et qu'on leur assigne les maisons indiquées plus haut avec toutes les dîmes, cens, revenus et autres droits à condition que ces trois prêtres habitent ensemble, et fassent leur résidence personnelle dans le dit collège, y reçoivent leur nourriture et prennent leurs repas en commun.

Je veux que chaque année ils élisent entre eux trois un prieur, qui soit chargé du soin, de la direction et de l'administration du dit collège, avec les droits qui y sont attachés, et qui soit tenu chaque année de rendre compte de son administration et des dépenses aux deux autres prêtres, pendant l'octave de la Noël, et si le prieur a rempli son devoir avec utilité et diligence, qu'il reste prieur tant qu'il s'acquittera bien de ses fonctions. Et si par hasard il s'en trouvait un parmi eux d'une vie déshonnête, et surtout adonné à la luxure, je veux et ordonne qu'il soit chassé du collège par le seigneur archevêque, et que les deux autres puissent choisir un autre prêtre honnête, et le présente au dit seigneur archevêque, qui sera tenu de l'admettre, et de lui assigner une place dans le dit collège.

De même, je veux et ordonne que les trois prêtres susdits soient tenus et obligés de célébrer les messes dans la dite église de Saint-André, et dans la dite chapelle de Saint-Blaise, chacun une messe, à savoir : le dimanche, la messe de la Sainte Trinité ou du Dimanche, en disant d'abord l'office de la Sainte Trinité ; le lundi, la messe des saints anges; le mardi, la messe des vierges sainte Catherine et sainte Pétronille avec les collectes propres, le mercredi, la messe de saint Pierre, apôtre ; le jeudi, la messe de saint André; le vendredi, la messe de la Croix; le samedi, la messe de la bienheureuse Vierge Marie. Je veux que pour la célébration de ces messes, les dits prêtres s'entendent et règlent les choses de manière à ce que chacun fasse sa semaine en célébrant ou faisant célébrer les dites messes dans la susdite chapelle de Saint Blaise, sans y jamais manquer, et si quelqu'un d'eux néglige ce devoir, je veux et ordonne que les autres prennent des dispositions pour que ces messes soient célébrées par eux ou par d'autres, et qu'on donne au célébrant, pour chaque messe, trois sous de la monnaie courante de Bordeaux pris sur la part du prêtre qui aura été négligeant dans l'accomplissement de ce devoir.

De même, je veux et ordonne que sur mes autres biens cent livres de la dite monnaie soient distribuées aux prêtres et clers résidant dans la paroisse de Saint-André et servant dans la susdite église, à condition qu'ils soient tenus de célébrer trente messes chantées dans la dite église et dans la dite chapelle de Saint-Blaise, à savoir : trois de la Sainte Trinité, trois de la

Croix, trois du Saint-Esprit, trois de la Vierge Marie, trois des Apôtres, trois des Martyrs. trois des Confesseurs, trois des Vierges et six pour les défunts. Je veux que dans les trente jours à partir du jour de mon décès toutes ces messes soient célébrées et que le célébrant reçoive pour la messe huit liards, et le diacre et le sous-diacre et les deux chantres chacun d'eux trois liards, et tout prêtre qui assistera aux dites messes et contribuera à leur célébration deux liards, et tout clerc un liard, et chaque jour après la célébration des dites messes, ils seront tenus de visiter mon tombeau en récitant les oraisons et les répons d'usage. Je veux que les dites messes soient célébrées dans la dite chapelle de Saint-Blaise et que les dites cent livres soient payées par mes exécuteurs testamentaires dans les trente jours et soient distribuées chaque jour aux célébrants de la manière indiquée plus haut. Pour ce motif je veux qu'on omette toutes les messes ordinaires qui doivent se célébrer dans le chœur et les autres qui doivent se célébrer pendant toute l'année et que celles-ci ne soient pas comptées au nombre de celles que je demande après mon décès.

De même, je veux et ordonne que les douze nobles d'or au poids nouveau que me doit le seigneur de Baynac, sénéchal de Périgord, à titre de prêt réel, soient employés à la réparation de la maison archiépiscopale, située au lieu dit de Bellevue.

De même, je lègue à maître Jean de Foguerie, bachelier en droit, mon serviteur, vingt francs de la monnaie bordelaise, une fois payés, à la condition de prier Dieu pour mon âme.

De même, je lègue aussi à Pierre Seguin, surnommé le Galant, mon portier, vingt francs, une fois payés, à la condition de prier Dieu pour mon âme et pour les âmes de mes bienfaiteurs.

De même, je veux que Jean de Saint-Martin, surnommé le Basque, hérite de ma chapelle et de mon bréviaire, à condition qu'il veuille entrer dans le clergé et non autrement.

De même, je donne à Guillaume Muralha, prêtre, vingt livres de la monnaie bordelaise, une fois payées, sur mes biens propres, à la condition de prier Dieu pour mon âme.

De même, je donne et lègue au prieur actuel de mon collège des étudiants douze autres francs de la dite monnaie, une fois payés et pris sur mes biens, à la condition de prier Dieu pour mon âme.

De même, je lègue sur mes biens au Frère Pierre Malon de l'ordre des Chartreux, un marc d'argent, une fois payé, à la condition de prier Dieu pour mon âme, comme j'espère qu'il le fera ainsi que pour l'âme de mes parents et de mes bienfaiteurs.

De même, je donne et lègue sur mes biens à Jean de Lalanne, mon barbier, dix francs de la dite monnaie, une fois payés, à la condition de prier Dieu pour le salut de mon âme.

De même, d'autre part je laisse et abandonne au dit Jean de Lalanne deux nobles d'or frappés au coin d'Angleterre et du poids nouveau, pour les échanger à son profit en Cour romaine. Ces nobles me sont encore dus et je lui ai livré le billet de quatre cents nobles que me doit Thomas Belota, marchand, J'ai aussi quelques droits certains sur les biens du seigneur doyen du chapitre comme le sait le seigneur Gaston *(sic)*.

De même, je veux et ordonne qu'après le trentième jour qui suivra mon décès on donne quelque chose de mes biens à tous mes serviteurs qui résident ensemble chez moi, s'ils veulent rester dans mon palais archiépiscopal de Bordeaux, jusqu'à ce que mon successeur prenne possession de l'archevêché. Je leur donne à savoir : dix pipes de froment, et douze pipes de vin pur, bon, et marchand, une fois payées, pour leur nourriture.

De même, je donne aussi et lègue à Guillaume de Mote, qui demeure avec moi, trois nobles d'or du poids nouveau, une fois payés.

De même, je donne et lègue à Buorello, mon serviteur, un cheval ou roussin blanc avec un char à quatre roues, ou une charrette, ainsi que les harnais y afférents.

Et comme l'institution d'un héritier est le fondement de tout testament, pour ce motif, considérant que les biens temporels qui sont possédés par des personnes ecclésiastiques, et qui proviennent des biens de l'Église, doivent être partagés selon les lois canoniques, moi donc, Pierre, archevêque de Bordeaux susnommé, après avoir terminé mon premier testament et arrêté toutes et chacunes des dispositions qui y sont contenues, pour le surplus de tous et chacun de mes biens, je fais, institue et désigne comme mes héritiers universels par égales parts, à savoir le Révérendissime Père en Jésus-Christ, le Seigneur archevêque mon successeur, le jour de son installation comme chanoine, et mes vénérables frères les Seigneurs Doyen, Chapitre et Fabrique de mon Église cathédrale de Bordeaux, de telle sorte que le Chapitre et la Fabrique aient chacun une part égale, et que la troisième partie appartienne au prieur et aux pauvres étudiants du collège désigné plus haut, ainsi qu'à leurs successeurs.

Et je veux et ordonne que mes dits frères le Doyen et les chanoines réservent et emploient la part qui doit leur revenir à acheter et acquérir des dîmes, ou des récoltes, ou des rentes, ou d'autres revenus pour servir à la rétribution du chœur de la dite Église, laquelle rétribution est faite à tous ceux qui assistent au chant des heures canoniques après la fin de *None*, je veux et j'ordonne et même j'exige que ceux qui assisteront aux offices du chœur soient tenus de réciter le psaume *De profundis* avec les oraisons : *Deus qui inter Apostolicos, Fidelium, et absolve*, en y ajoutant un *Pater* et un *Ave Maria*, chaque jour à la fin de *None*. Je veux et ordonne aussi que le prieur et les étudiants sus dits réservent et emploient leur part à acheter et acquérir des dîmes, des rentes et autres revenus pour le dit collège, et je veux que le prieur et les étudiants du dit collège, après le dîner et après le souper, récitent chaque jour à la fin des grâces le dit psaume *De profundis* avec les oraisons susdites, en y ajoutant un *Pater* et un *Ave Maria*. Et si le dit collège reste sans revenus et abandonné, dans ce cas, à la place du dit collège, j'institue, établis et désigne comme mon héritière ma chère âme, de telle sorte que le tiers de mes dits biens soit partagé en quatre portions, savoir : la première, pour célébrer des messes pour mon âme ; la seconde, pour de pauvres étudiants en théologie ou en droit canon ; la troisième, pour marier des jeunes filles pauvres ; la quatrième, pour des infirmes, des prisonniers ou des captifs. Et je veux que les legs faits par moi au susdit collège passent et reviennent en commun à tous mes héritiers plus haut désignés, et soient partagés selon la manière indiquée ci-dessus, à l'exception des livres dont j'ai disposé plus haut. Et je veux et ordonne que tout soit exécuté comme je l'ai réglé, car il serait vain et inutile de faire un testament, s'il n'y avait pas des personnes chargées d'exécuter ce qu'il contient, et d'en procurer l'exécution. C'est pourquoi moi, archevêque susnommé, je fais et établis mes exécuteurs, et ceux de mon présent testament, savoir : Mes Vénérables Frères les seigneurs Guillaume Bec, docteur en droit canon, chantre et chanoine de la susdite église cathédrale de Bordeaux; Pierre de Martin, aumônier dans la même église : le seigneur Gaillard de Martin, sacriste et chanoine de la dite église, que je charge de payer tous les legs faits par moi dans le présent testament, et non les autres exécuteurs testamentaires de quelque manière que ce soit, à l'exception des legs faits par moi aux pauvres de Jésus-Christ; Raymond de Goût, curé de Tresses, et Léonard de Ségonie mon secrétaire et mon aumônier. Je les charge de distribuer le legs ou les legs faits ou ordonnés par moi en faveur des pauvres, jusqu'à la somme de cent-vingt-cinq nobles d'or du poids nouveau, et j'attribue, donne et concède à eux tous et à chacun d'eux, porteurs de leur titre, la permission et le pouvoir d'exécuter, poursuivre et mener à bonne fin toutes et chacune des dispositions contenues dans mon testament, à l'exclusion de l'autorité ou du pouvoir de tout autre, et de prendre sur mes biens les sommes nécessaires pour l'exécution de mon présent testament, et en récompense de leur peine, je donne et lègue au susdit Bec, un marc d'argent, ou la valeur d'un marc; les deux autres sont mes familiers, et sont compris parmi les prêtres mes familiers auxquels j'ai légué, pour chacun, un marc d'argent, ainsi qu'à plusieurs autres, et en outre de cela je lègue à chacun d'eux un noble d'or du coin nouveau. Et je veux et ordonne que ces legs faits à mes exécuteurs testamentaires soient payés sur mes autres biens en outre des quatre cents nobles susdits. Je veux et ordonne que ce présent écrit soit mon dernier testament et ma dernière volonté. Je me réserve cependant par le moyen d'un codicille ou autrement de pouvoir ajouter, diminuer ou changer selon qu'il me plaira. Je révoque aussi et j'annulle par la teneur du présent écrit tous les autres testaments faits et arrêtés par moi antérieurement. Dans celui-ci en effet j'ai mis et développé toutes mes volontés et mes intentions. Et si quelqu'un veut empêcher son exécution et tente de le faire, qu'il encoure l'indignation du Dieu tout puissant, et qu'il soit tenu de rendre compte devant lui de toutes et de chacune des dispositions écrites ci-dessus ou ci-dessous. Et je vous requiers, vous, notaire public, soussigné, d'attester le dit testament, et de produire les actes publics qui seront nécessaires; et je vous prie, vous, témoins plus bas nommés, d'être mes garants pour rendre témoignagne de la vérité. Comme il serait inutile de faire un testament, si on ne donnait en même temps les moyens et les fonds nécessaires pour en procurer l'exécution, moi, archevêque de Bordeaux plus haut nommé, j'ai voulu dans cet écrit, dans la teneur de ce présent testament désigner une partie de mon avoir et de ma fortune pour l'exécution de ce dit testament, laquelle partie j'ai fait déclarer et notifier à mes serviteurs Pierre de Martin, Gaillard de Martin, Raymond de Goût et Léonard de Ségonie, mes exécuteurs testamentaires plus haut nommés, et cela à cause de la confiance particulière que j'ai en eux. Et j'ai agi de la manière suivante : premièrement, je leur ai désigné et montré quatre cents nobles neufs en or, dont Pierre de Martin a en sa possession cent pour des messes; de même, le sieur Gaillard de Martin a cent nobles; de même, trente nobles neufs; de même, vingt écus neufs; de même, vingt nobles; de même, vingt écus d'or. Secondement, je veux et ordonne qu'on achète un vêtement noir pour mes serviteurs, et que les legs faits à ces mêmes serviteurs, et les autres legs jusqu'à la somme fixée plus haut soient payés sur ces fonds et sur mes autres biens; de même, Raymond de Goût a reçu cent cinquante nobles neufs pour le luminaire et la distribution du chœur; et les messes canonicales; de même, le sieur Léonard de Ségonie doit recevoir cent vingt-cinq nobles neufs pour distribuer aux pauvres. Cette somme est dans le trésor de Saint-André, dans ma cassette. En témoignage de ces sommes reçues les susdits sieurs Pierre et Gaillard de Martin et Raymond de Goût m'ont remis des reçus écrits de leur main, et qui sont annexés au présent testament.

De même, j'ai deux beaux calices dorés. L'un d'eux porte à l'extérieur des ornements bien dessinés et bien exécutés, je veux qu'il reste dans la chapelle de l'Archevêché pour mes successeurs. J'ai légué l'autre à l'église de Lormont pour le service de cette église, et aussi de la chapelle archiépiscopale qui est dans cette même paroisse. De même j'ai donné un autre calice à l'hôpital de Saint-Seurin, situé hors les murs de Bordeaux. De même j'ai douze coupes de même forme avec leur boîte. De même une amphore avec son couvercle en argent, et une petite coupe pour la crédence. De même, j'ai deux petites burettes d'argent pour porter le saint-chrême. De même, je porte sur moi une petite bourse dans laquelle se trouve une note sur parchemin indiquant une somme d'or que je possède, et qu'on ne cherche pas ailleurs pour savoir où elle est.

Au nom du Père et du Fils et du Saint-Esprit, ainsi soit-il. Comme la volonté de l'homme est variable jusqu'à la mort, qu'elle change d'un jour à l'autre, et qu'il est permis de disposer de ses biens et des choses qui nous sont confiées, lorsque cela est expédient ou nécessaire, pour ce motif moi Pierre, par la miséricorde Divine autrefois ordonné prêtre à Bordeaux, et maintenant indigne archevêque de Made comme c'est ma ferme conviction, bien que j'ai fait un autre testament, que j'ai fait mettre par écrit, et qui a été reçu par Pierre de Lande, notaire public, je me suis réservé dans le même testament par manière de codicille de pouvoir ajouter ou diminuer ou disposer, et de faire un codicille, ce que j'ai fait de la manière qui suit, et présentement je renouvelle et je fixe les dispositions de ce codicille dans cet écrit : premièrement dans ledit testament j'ai ordonné qu'une certaine somme serait donnée et payée après mon décès à mes familiers et à mes serviteurs par les mains du vénérable homme Gaillard de Martin, prêtre, chanoine et sacriste de la cathédrale de Bordeaux placée naguère sous mon autorité. Je lui ai confié certaines sommes d'argent avec ordre de les distribuer plus tard à chacun de mes serviteurs, spécialement à Maître Donis, et au sieur Jean de Saint-Martin, et je veux et ordonne que ces sommes d'argent soient prises en dehors de celles qu'il avait reçues de moi pour lesdits legs, et que lui-même soit exonéré de toute charge à ce sujet. Je veux cependant et ordonne qu'une somme égale soit payée sur mes autres biens aux deux serviteurs ci-dessus nommés et à mes autres serviteurs, comme il est établi dans ledit testament.

De même, je veux et confirme la donation faite par moi, pour acquérir et acheter des dîmes, des rentes, des revenus et des propriétés pour le collége fondé par moi, et pour l'entretien du prieur et des étudiants du même collége. En outre, je veux et ordonne que Jean Berland, fils de Pierre, soit un des étudiants, et qu'il ait le vivre et le vêtement dans ledit collége, à condition toutefois qu'il veuille y continuer ses études, et s'engager à habiter pendant dix ans et plus dans ledit collége. S'il veut suivre les cours de l'Université, et continuer de les suivre pendant cinq ans, il devra s'entretenir à ses frais, et si plus tard il veut entrer dans les Ordres sacrés, je veux qu'il puisse recevoir un titre, et j'ai ordonné que ce titre fût donné par ledit collége, Et s'il arrivait par malheur que les études fussent détruites dans la présente ville de Bordeaux, je veux que ledit Jean Berland soit compté parmi les prêtres auxquels j'ai laissé un legs dans mon dit testament, s'il veut continuer ses études et s'y engager, et qu'il soit de bonne vie et de conduite honnête, je veux et j'ordonne que le prieur et les étudiants lui prêtent ordinairement mes livres pourvu cependant qu'il présente des garants dignes de confiance pour assurer la confiance desdits livres audit collége ou au prieur du même collége dans un temps déterminé.

De même, je veux et ordonne que tout ce qui m'est dû par l'église de Rimons soit remis et attribué à Boson Paulin, intendant de ma maison. Et si par hasard il réclamait les vingt francs que je lui ai légués pour sa pension annuelle, et qui sont payables sur la dite église, je veux qu'on tienne compte de ce qu'il a reçu la dîme de Saint-Quentin, et les revenus de sa charge au château de Lormont, et une somme d'argent que je lui ai donnée. Il faut compter aussi le profit qu'il a retiré en revendant une maison achetée en déduction de la dite somme. On devra faire un calcul exact de toutes ces choses.

De même, j'ai ordonné dans mon testament que le chapelain de la chapelle de Saint-Raphaël fût originaire de la paroisse de Saint-Pierre-d'Avensan, et comme je vois que par la négligence du chapelain actuel le service obligatoire ne se fait ni dans l'église d'Avensan, ni dans la dite chapelle, je veux et ordonne que le chapelain qui aura reçu la charge et l'administration de la dite église d'Avensan ait la part des revenus de la dite chapelle, que j'avais assignée à un chapelain originaire de la dite paroisse, et qu'il soit tenu de célébrer une messe dans la même église d'Avensan une semaine, et d'en célébrer une autre dans la dite chapelle la semaine suivante, en continuant ainsi alternativement, de telle sorte cependant que les revenus de la dite chapelle ne lui soient pas comptés en déduction de la somme due annuellement par le curé de la dite église au vicaire pour le service de cette église.

De même, la donation que j'ai faite au prieur et aux étudiants de deux cents nobles sera payée sur les dits biens à moi confiés avant tous autres legs, et je veux qu'ils soient déposés dans un lieu sûr, et employés à l'achat de dîmes, de revenus et de fruits pour le dit collège, et qu'ils ne soient remis au prieur du collège qu'après avoir reçu de lui des garanties suffisantes constatant qu'il devra déposer les deux cents nobles dans le lieu désigné plus haut, et mentionnant la donation. Pierre de Lande a reçu le titre. Et moi, devant Pierre de Lande, notaire public par autorité royale, dans la ville de Bordeaux, j'ai assisté en personne à l'ouverture, inspection, lecture, reconnaissance et publication des dits testament et codicille, après l'accomplissement de toutes et chacune des autres formalités requises, comme il est dit plus haut, devant le sieur Vicaire et le Doyen susnommé, ensemble les témoins susnommés, et j'ai vu et entendu que tout s'est passé ainsi, et j'en ai pris note. De cette note j'ai extrait le présent testament public, écrit de la main d'un autre, mais fidèlement, moi me trouvant légitimement empêché par d'autres affaires, et je l'ai rédigé en forme d'acte public.

Je l'ai signé de mon nom et scellé de mon sceau sur la demande du sieur Vicaire et du Doyen. Le sieur Official de Bordeaux, homme vénérable et prudent, que j'avais appelé et requis en témoignage de toutes les choses relatées ci-dessus, a aussi apposé sur cet acte le sceau de l'officialité.

Transcrit sur l'original par moi Jean Bertheau, prêtre, archidiacre de Fronsac dans l'église métropolitaine, secrétaire de l'illustrissime et révérendissime seigneur, le cardinal de Sourdis, archevêque de Bordeaux, primat d'Aquitaine, et ce sur l'ordre du même illustrissime cardinal. Cet original entier et sans aucune altération, écrit sur parchemin, m'a été montré par vénérable homme Pierre de Pallisse, prêtre, supérieur du séminaire de Bordeaux, et je le lui ai aussitôt rendu. Etaient présents maîtres Michel Gaussens, prêtre, et Pierre Montassier, acolyte, tous deux demeurant à Bordeaux, témoins appelés et requis pour attester le fait, lesquels ont signé avec moi, ainsi que ledit seigneur de Pallisse.

Bordeaux, le douze du mois de janvier, l'an du Seigneur mil six cent vingt-huit.

(Signé) BERTHEAU,
Secrétaire de l'archevêque de Bordeaux.

(Signés) PALLISSE, présent
GAUSSENS, présent.

POST-SCRIPTUM

On lit dans le registre G. 284 des actes capitulaires de Saint-André que le mardi 28 juin 1429, le Chapitre, réuni en séance capitulaire, décida, sur la proposition d'un de ses membres les plus influents, d'élever derrière le chevet de la cathédrale, une nouvelle tour, *pinnaculum novum,* pour servir de clocher, et sur le haut de laquelle on établirait un fanal afin d'avertir les gens de la campagne qui venaient à Bordeaux avant le jour, qu'ils approchaient des marais profonds dont la partie sud-ouest de la ville était entourée, et où ces malheureux allaient quelquefois s'engloutir avec leurs montures.

Le chanoine promoteur de cette décision capitulaire fut le secrétaire du Chapitre, Pierre Berland, élevé, un an après, 1430, à la dignité archiépiscopale. Ce ne fut, cependant, que onze ans plus tard, qu'il exécuta la décision du Chapitre ; pendant ce long espace de temps, il prépara les moyens et les ressources nécessaires pour commencer cette œuvre gigantesque et philantropique, sur les plans de Colin-Trenchant, maître en géométrie, *magister in geometriâ,* nommé architecte et fabricien de l'église cathédrale, par le doyen et les membres du Chapitre, depuis le 8 du mois de juin 1425.

Lorsque nous avons fait l'historique de la fondation de cette tour, nous n'avions pas connaissance de la décision capitulaire pour son érection ; ce n'est qu'à la suite de nouvelles recherches aux archives départementales, que nous l'avons trouvée consignée dans le registre G. 284 des actes capitulaires de Saint-André. Cette décision ne contredit en rien notre récit sur le Pey Berland, il l'explique, au contraire, et le complète. Il n'a pas été possible de fondre cette note dans l'histoire de la tour, le tout étant déjà définitivement imprimé : il a donc fallu, pour ne pas en priver nos lecteurs, la renvoyer à la fin de l'ouvrage.

Que Dieu bénisse notre travail; qu'il le couronne par de nouveaux miracles sur la tombe de son serviteur, et que tout ce que nous avons dit et fait tourne à sa plus grande gloire. Ad majorem Dei gloriam !

TABLE DES MATIÈRES

Chapitre I. — Pey Berland; lieu de sa naissance; son origine; ses modestes occupations de berger; il apprend à lire et à écrire à l'insu de ses parents. Ses études à Bordeaux ; il suit les cours de philosophie et de théologie à l'Université de Toulouse ; il est reçu bachelier en droit canon.. 1

Chapitre II. — Pey Berland, rentré à Bordeaux, est ordonné prêtre. Il devient le secrétaire du cardinal François II Hugocion ; l'accompagne en France, en Angleterre, et au concile de Pise ; lui administre les derniers sacrements; fait inhumer son corps à Rome. Il part pour la Palestine ; à son retour il est nommé curé de Bouliac............ 5

Chapitre III. — Pey Berland renonce à sa cure ; il est nommé membre de la cour souveraine de Guienne; il réconcilie les seigneurs et les vassaux de la province. Il est élu archevêque de Bordeaux ; part pour Rome : il est sacré par le pape ; *prête le serment d'usage* entre les mains de Martin V.. 11

Chapitre I. — Avant-propos : réflexions morales. — Pey Berland se distingue par d'éminentes vertus sacerdotales; son érudition, sa modestie, l'aménité de son caractère le font remarquer parmi les pères du concile de Pise; le cardinal Colona l'honore de son estime et de son amitié... 15

Chapitre II. — Supériorité de Pey Berland sur tous ses prédécesseurs ; ses abondantes aumônes ; son amour pour les pauvres; il fonde l'hôpital Saint-Pierre ; établit l'Université de Bordeaux et le collège Saint-Raphaël; construit la tour qui porte son nom................ 18

Chapitre III. — Elévation de Pey Berland aux dignités ecclésiastiques et civiles ; sa fidélité à suivre les inspirations divines ; mesures de précautions pour empêcher les révoltes des Bordelais et le retour des Anglais en Guienne.. 27

CHAPITRE IV. — Pey Berland est chassé de son palais par Olivier de Coëtivi ; les Bordelais l'y ramènent ; ses infirmités et les tracasseries de Coëtivi le portent à se démettre de son archevêché ; il est accusé faussement d'avoir favorisé le retour des Anglais ; sa justification ; il ne témoigne aucun sentiment d'aigreur envers ses ennemis.......... 31

CHAPITRE V. — Pey Berland quitte son palais ; il se retire au collège de Saint-Raphaël ; il tombe dangereusement malade ; sa piété ; sa résignation ; il remercie Dieu de ses souffrances ; il est administré et reçoit la sainte communion avec une grande dévotion ; ses forces sont épuisées ; les remèdes qu'on lui applique sont sans effet ; sa mort est calme comme celle d'un saint ; on se rend à son tombeau pour l'invoquer... 35

CHAPITRE VI. — Cessation du cultes de Pey Berland et causes de cette interruption... 43

CHAPITRE VII. — Genre du culte qu'on peut rendre à Pey Berland ; avantages que nous en retirerons................................. 46

CHAPITRE VIII. — Les miracles opérés au tombeau de Pey Berland y attirent un grand concours de monde ; on fait des démarches en cour de Rome pour obtenir sa canonisation : les papes Pie II et Sixte IV s'occupent de cette cause ; Pie II charge les évêques de Périgueux et de Bazas de faire des informations; Sixte IV, son successeur, prescrit aux évêques de Périgueux, de Sarlat et de Bazas de faire une nouvelle enquête; ces prélats interrogent un grand nombre de témoins; ils consignent leurs dispositions dans des procès-verbaux........... 48

CHAPITRE IX. — L'évêque de Bazas, un des commissaires du Saint-Siège, remet au chapitre métropolitain le dossier de l'enquête contenant les dépositions des témoins ; on en fait prendre plusieurs copies, l'enquête est portée à Louis XI, puis à Rome. Innocent VIII, successeur de Sixte IV, prescrit, par un bref, aux évêques de Sarlat, de Bazas et de Dax, d'interroger trois témoins sur chaque miracle de Pey Berland... 51

CHAPITRE X. — Disparition de l'enquête des archives du Vatican...... 54
CHAPITRE XI. — Recherches pour retrouver ce qui manque de l'enquête originale.. 56

CHAPITRE XII. — Exposé et discussion des différentes causes qui ont empêché de poursuivre et de terminer la canonisation de Pey Berland. — Supplique destinée au Souverain Pontife, pour la reprise de cette canonisation.. 127

CHAPITRE XIII, *Appendice*. — Expédition courageuse de Pey Berland, pour délivrer Elie de Bourdeille évêque de Périgueux, des mains des Anglais. Il lui donne une généreuse hospitalité. — Bourdeille revient à sa ville épiscopale : il est reçu avec enthousiasme. — Testament de Pey Berland... 136

Bordeaux. — Imprimerie O.-L. FAVRAUD Frères, 91, rue Porte-Dijeaux,

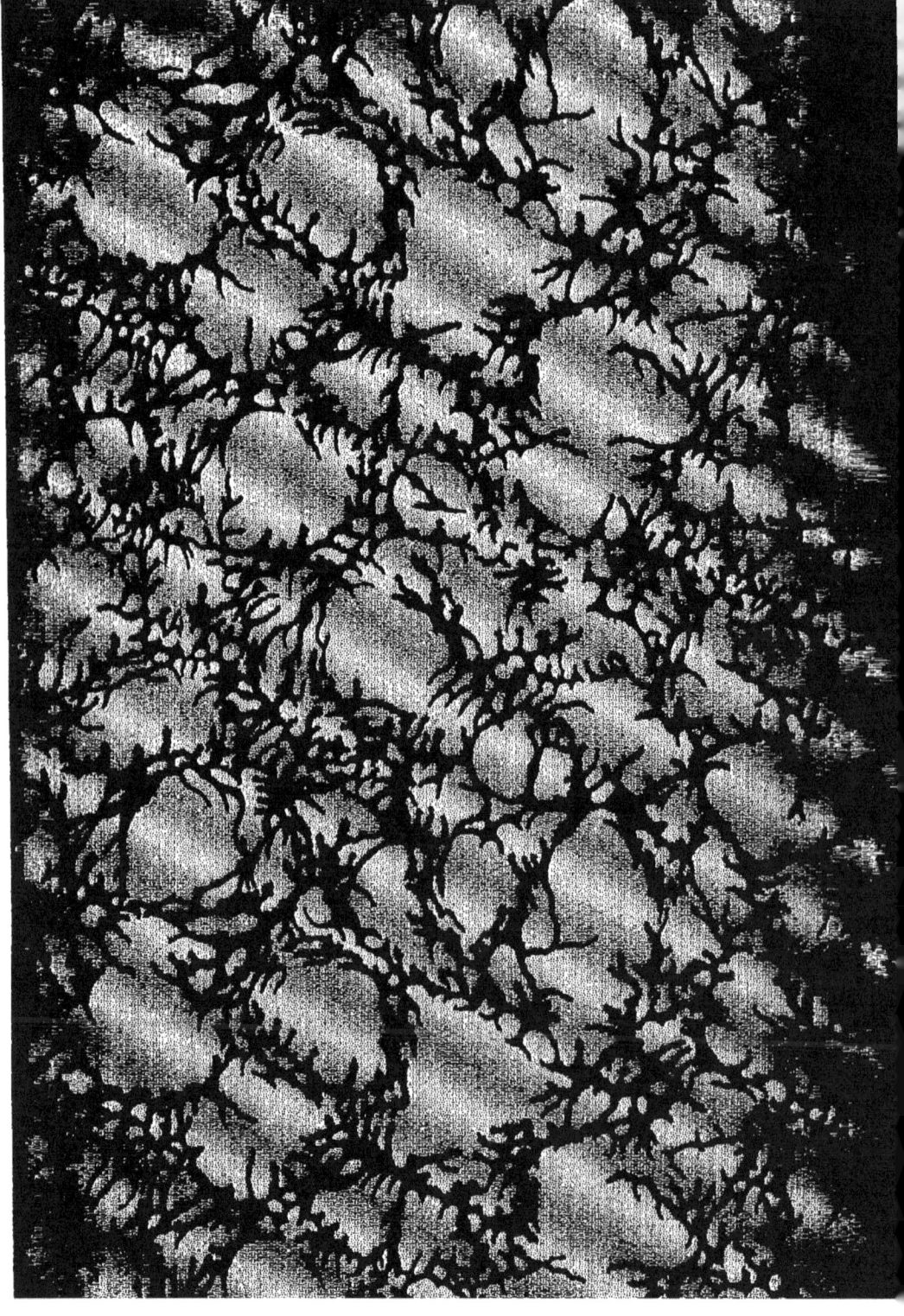

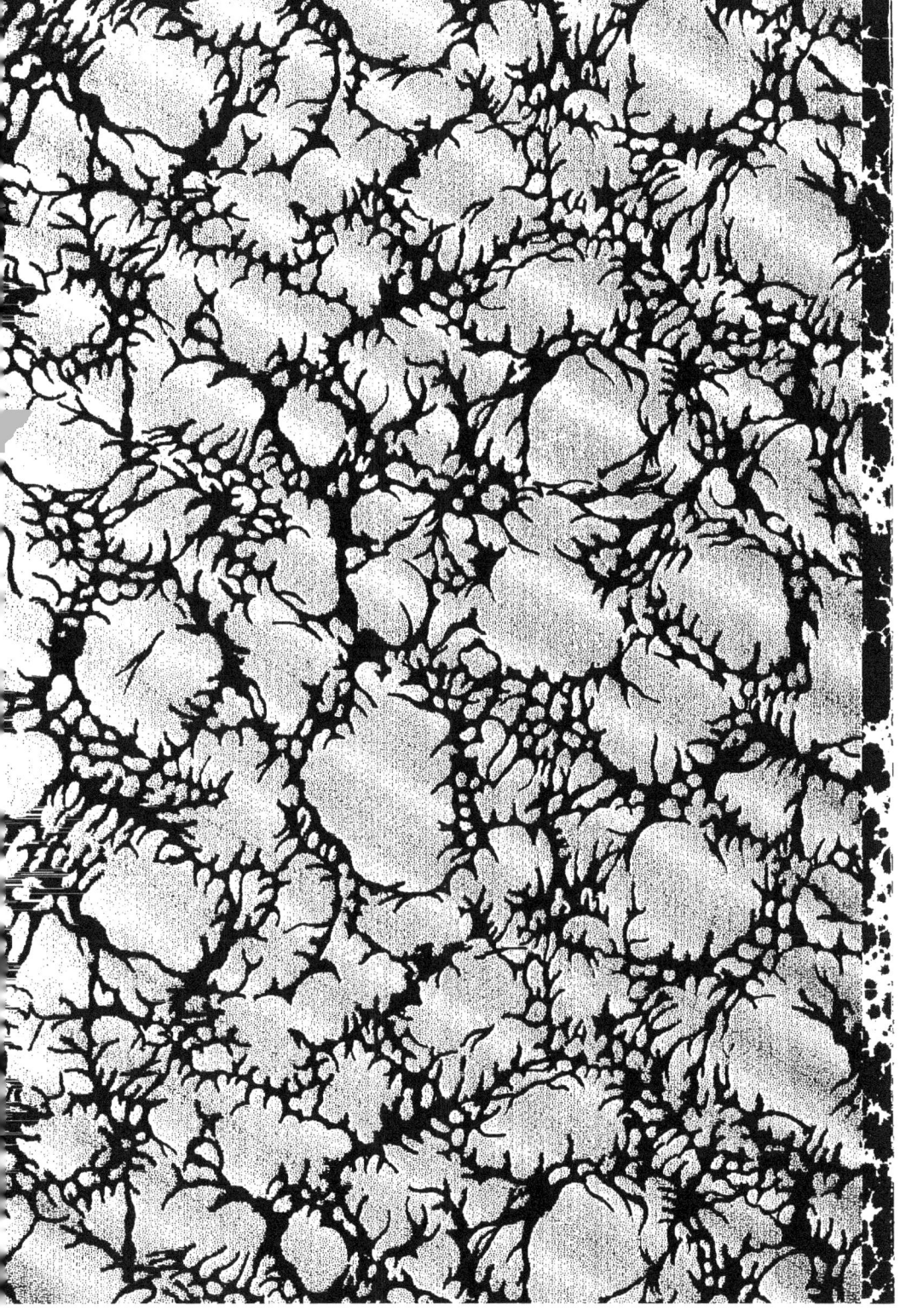

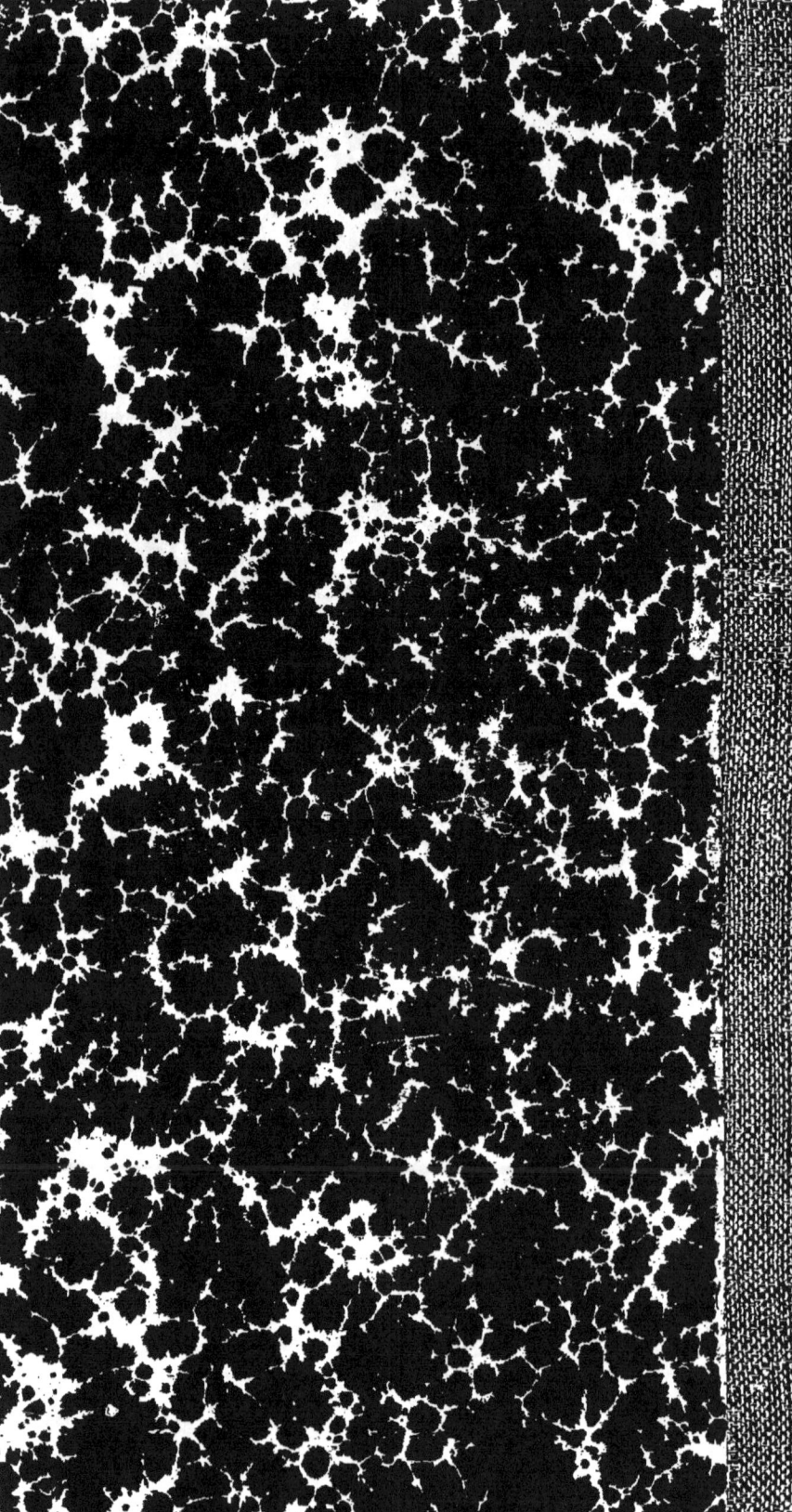

www.ingramcontent.com/pod-product-compliance
Lightning Source LLC
Chambersburg PA
CBHW071944160426
43198CB00011B/1533